Mariana C.

Zâmbetul
DIN OGLINDĂ

Cum să îți iubești și să îți apreciezi mai mult propria persoană

2024

Capitolul 1: Descoperirea zâmbetului din oglindă.
- Importanța zâmbetului în viața noastră.
- Cum îți afectează starea de spirit zâmbetul.
- Cum să-ți descoperi zâmbetul interior.

Capitolul 2: Acceptarea propriei persoane.
- Înțelegerea și acceptarea defectelor personale.
- Cum să-ți ierți greșelile din trecut.
- Sfaturi pentru a-ți iubi și accepta propria persoană.

Capitolul 3: Autocunoaștere și dezvoltare personală.
- Cum să-ți descoperi adevăratele pasiuni și interese.
- Îmbunătățirea relației cu tine însuți.
- Strategii pentru a-ți dezvolta încrederea în propria persoană.

Capitolul 4: Grijă de sine și bunăstare.
- Cum să-ți acorzi timp pentru relaxare și odihnă.
- Sfaturi pentru a-ți menține o dietă echilibrată și un stil de viață sănătos.

Capitolul 8: Înfruntarea temerilor și a incertitudinilor.

- Cum să recunoști și să gestionezi fricile și incertitudinile.
- Metode pentru a-ți depăși limitele și pentru a-ți depăși confortul.
- Sfaturi pentru a-ți construi curajul și încrederea în propria persoană.

Capitolul 9: Practicarea recunoștinței și a compasiunii.

- Cum să aduci recunoștință în viața ta zilnică.
- Importanța compasiunii și a bunătății față de tine însuți și față de ceilalți.
- Sfaturi pentru a practica recunoștința și compasiunea în fiecare zi.

Capitolul 10: Implementarea schimbărilor pe termen lung in viața personală.

- Cum să îți menții obiceiurile sănătoase și pozitive.
- Metode pentru a-ți continua dezvoltarea personală și creșterea stimei de sine.
- Sfaturi pentru a implementa schimbările în viața ta și a trăi fericit și împlinit.

De la acelaş autor:

1. ,,Armonia in cuplu''
- explorează diverse aspecte ale relațiilor umane, de la comunicare și empatie, la rezolvarea conflictelor și construirea unei relații de cuplu sănătoase și echilibrate.

2. ,,Vindecarea rănilor emoționale în relații''
- este o carte profundă,care explorează complexitatea relațiilor interpersonale și impactul pe care trecutul emoțional îl poate avea asupra lor.

3. "Cum sa iti gasesti sufletul pereche"
- se adreseaza celor care își doresc sa gaseasca dragostea adevarata si sa-si gaseasca sufletul pereche.

4."Reconstruirea unei relații deteriorate"
- este un ghid util și practic pentru persoanele care se confruntă cu dificultăți în relațiile lor.

5."Depășirea limitărilor mentale"- este o resursă valoroasă pentru oricine își dorește să-și depășească propriile limitări mentale și să trăiască o viață plină de succes și împlinire.

Cartea "Zâmbetul din oglindă" este scrisă de Mariana C., un autor cunoscut pentru cărțile sale de dezvoltare personală și motivație. În această carte, autoarea explorează subiectul important al iubirii și aprecierii de sine.

Mariana C. argumentează că mulți oameni au obiceiul de a fi prea critici cu ei înșiși și de a-și subestima propriile calități și realizări. Această tendință poate duce la sentimente de nesiguranță, lipsă de încredere și stres, care afectează în cele din urmă starea de bine și succesul personal.

Cartea oferă cititorilor o serie de strategii și exerciții practice pentru a construi o relație mai puternică și mai pozitivă cu tine însuți. Prin intermediul exercițiilor de autocunoaștere, cartea "Zâmbetul din oglindă" este un ghid util pentru oricine dorește să-și îmbunătățească stima de sine și să-și atingă potențialul maxim.

Prin intermediul "Zâmbetul din oglindă", Mariana C. te va ghida pas cu pas în călătoria ta către autodescoperire, încurajându-te să te iubești și să te apreciezi așa cum meriți.

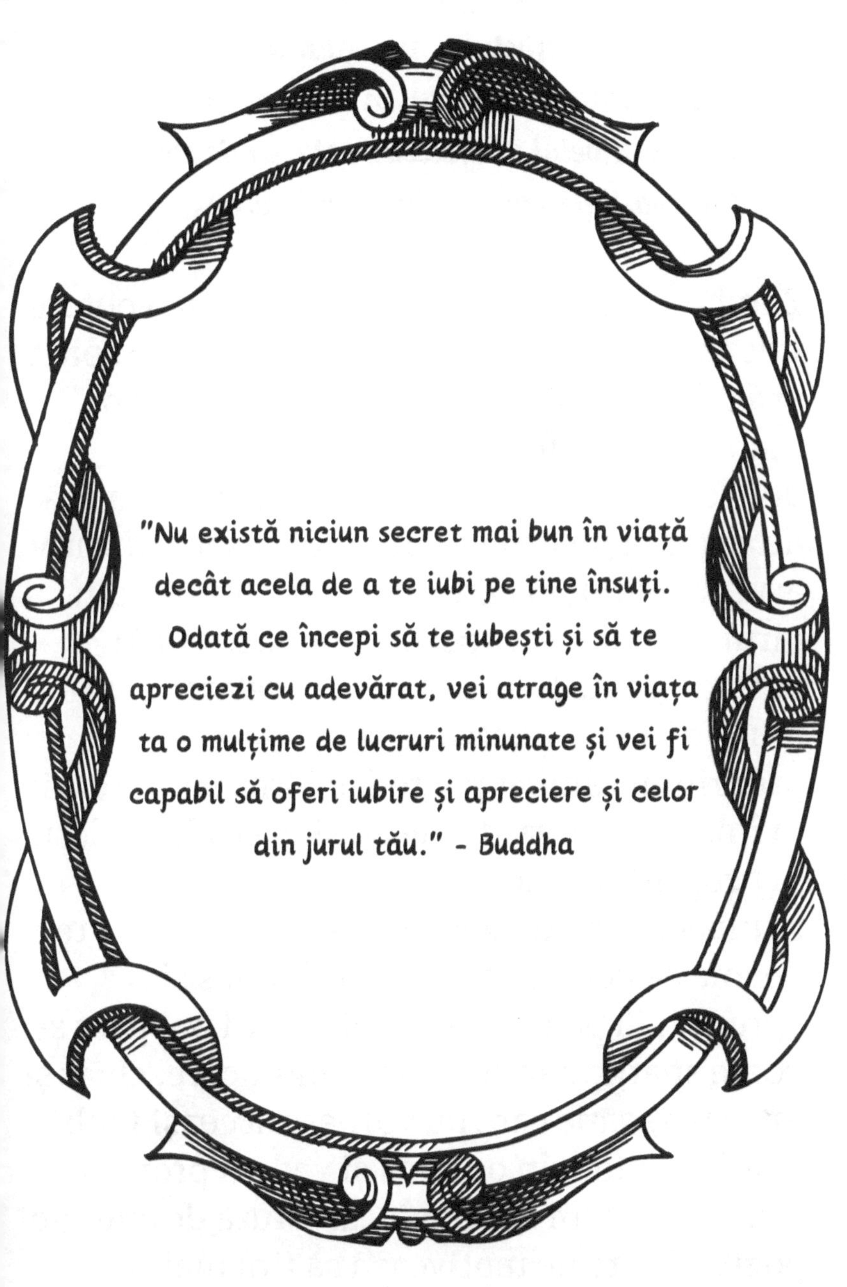

"Nu există niciun secret mai bun în viață
decât acela de a te iubi pe tine însuți.
Odată ce începi să te iubești și să te
apreciezi cu adevărat, vei atrage în viața
ta o mulțime de lucruri minunate și vei fi
capabil să oferi iubire și apreciere și celor
din jurul tău." - Buddha

Capitolul 1

Descoperirea zâmbetului din oglindă.

- *Importanța zâmbetului în viața noastră.*
- *Cum zâmbetul îți afectează starea de spirit .*
- *Cum să-ți descoperi zâmbetul interior.*

Zâmbetul este un gest simplu, dar cu o putere imensă în influențarea stării noastre de spirit și a relațiilor noastre cu cei din jur. Este o manifestare a fericirii, a bucuriei și a bunăstării interioare, iar capacitatea noastră de a zâmbi poate avea un impact semnificativ asupra felului în care ne percepe lumea din jurul nostru. Descoperirea zâmbetului în oglindă poate fi un moment revelator pentru mulți oameni, pentru că reflectarea propriului zâmbet poate fi un impuls puternic în îmbunătățirea stimei de sine și a încrederii în propriile capacități.

Zâmbetul este un gest universal, care nu are nevoie de cuvinte pentru a fi înțeles și apreciat. El poate dezlănțui emoții pozitive și poate sparge barierele de comunicare, chiar și între persoane care nu vorbesc aceeași limbă. Când ne uităm în oglindă și vedem propriul zâmbet, putem simți o încărcătură de energie pozitivă care ne motivează să fim mai optimiști și să ne bucurăm de fiecare moment al vieții noastre.Descoperirea zâmbetului în oglindă poate fi și un exercițiu de auto-descoperire și acceptare a propriilor imperfecțiuni. Nu avem cu toții dinții perfect aliniați sau culoarea ideala a smalțului dentar, dar zâmbetul nostru este unic și aduce cu el povestea noastră personală. Prin urmare, când ne privim în oglindă și zâmbim, ar trebui să ne concentrăm pe bucuria pe care o transmitem cu gestul nostru, și nu pe eventualele imperfecțiuni pe care le observăm.

Descoperirea zâmbetului din oglindă poate fi un exercițiu de autocunoaștere și autoconstientizare. Atunci când zâmbim în oglindă, putem observa ce expresie facială ne avantajează cel mai mult, care sunt mișcările musculare care ne scot în evidență trăsăturile frumoase și care sunt cele care ne fac să arătăm obosiți sau supărați. Prin observarea atentă a propriului zâmbet, putem învăța să ne controlăm expresiile faciale și să ne adaptăm atitudinea în funcție de situație.De asemenea, descoperirea zâmbetului din oglindă poate fi un pas important în procesul de autocurație și îmbunătățire a sănătății mentale.

Zâmbetul este cunoscut pentru efectul său benefic asupra stării de spirit și asupra nivelului de stres. Atunci când zâmbim, corpul nostru eliberează endorfine, cunoscută sub numele de "hormonul fericirii", care ne ajută să ne relaxăm, să ne simțim mai bine și să avem o atitudine mai optimistă față de viață. Prin urmare, zâmbetul poate fi un antidot excelent împotriva anxietății, depresiei și a altor tulburări psihice.

Descoperirea zâmbetului din oglindă poate fi un pas mic, dar cu un impact imens în îmbunătățirea stării noastre de spirit și a relațiilor noastre cu cei din jur. Este un gest simplu, dar plin de semnificație, care ne poate ajuta să ne acceptăm pe noi înșine așa cum suntem și să ne bucurăm de fiecare moment al vieții noastre.

Așa că nu uitați să vă uitați în oglindă și să zâmbiți, chiar și atunci când viața pare să vă zâmbească numai într-o parte!

Zâmbetul din oglindă este o descoperire surprinzătoare și emoționantă, care poate avea un impact profund asupra stării noastre de spirit și a percepției noastre despre noi înșine.

Pentru mulți oameni, acest moment este unul de realizare și de înțelegere a importanței autenticității și a iubirii de sine.

Mulți oameni trec prin viață fără să-și dea seama cât de puternic poate fi un simplu zâmbet din oglindă. Oglinda devine un catalizator pentru auto-reflecție și introspecție, permindu-ne să ne conectăm mai profund cu propria noastră ființă. Atunci când privim în oglindă și ne vedem propria noastră reacție de zâmbet, ne realizăm frumusețea noastră interioară și ne dăm seama că suntem demni de iubire și respect. Descoperirea acestui zâmbet poate avea un impact profund nu numai asupra stării noastre de spirit, ci și asupra relațiilor noastre cu ceilalți. Un zâmbet sincer și autentic poate deschide uși și inimi, creând legături mai puternice și mai autentice cu cei din jurul nostru. Este o formă de comunicare non-verbală care poate transmite mult mai mult decât cuvintele.

Zâmbetul din oglindă poate avea beneficii substanțiale pentru starea noastră de sănătate mentală și emoțională. Acesta poate reduce stresul, stimula producția de endorfine și îmbunătăți starea de spirit generală.

Prin adoptarea unei atitudini pozitive și a recunoașterii propriei noastre valori, putem crea o fundație solidă pentru un bun sănătate mentală și bunăstare emoțională.

Descoperirea zâmbetului din oglindă poate fi un moment profund și transformativ în viața noastră. Acesta poate avea un impact pozitiv asupra relațiilor noastre cu ceilalți, asupra stării noastre de spirit și asupra stării noastre de sănătate mentală și emoțională. Este un act simplu, dar puternic, care ne poate ajuta să ne conectăm mai profund cu esența noastră și să ne trăim viața într-un mod mai autentic și mai plin de bucurie.

Zâmbetul este unul dintre cele mai puternice instrumente de comunicare pe care le avem la dispoziție. Este o expresie a emoțiilor noastre, un mod de a ne arăta bucuria, recunoștința sau compasiunea față de ceilalți. Zâmbetul are puterea de a ne face mai apropiați de cei din jur, de a crea legături emoționale și de a spori starea noastră de bine. El poate schimba complet atmosfera dintr-o încăpere și poate aduce lumină în momentele întunecate.

Importanța zâmbetului în viața noastră este imensă.

În primul rând, un zâmbet este un semn al fericirii și al bunăstării noastre interioare. Atunci când zâmbim, eliberați endorfine, hormoni ai fericirii, care ne fac să ne simțim mai bine fizic și emoțional. De asemenea, zâmbetul ne ajută să gestionăm stresul și anxietatea, reducând nivelul de cortizol din organism.

Pe lângă beneficiile asupra stării noastre de bine, zâmbetul are și un impact pozitiv asupra relațiilor noastre cu cei din jur. Un zâmbet cald și sincer poate aduce bucurie și confort celor din jur, creând un mediu pozitiv și plin de energie în interacțiunea noastră cu ceilalți. El poate fi un mod eficient de a-i face pe cei din jur să se simtă înțeleși, sprijiniți și apreciați.

De asemenea, zâmbetul este un mod de a ne arăta recunoștința și recunoașterea față de ceilalți. Un simplu zâmbet poate transmite o mulțime de emoții pozitive și poate face ca cei din jur să se simtă apreciați și valoroși. El poate crea o conexiune emoțională puternică și poate întări relațiile noastre interpersonale.

Zâmbetul este un mod eficient de a ne pune în valoare și de a ne arăta în cea mai bună lumină posibil.

Un zâmbet sincer și luminos poate face o impresie puternică și poate transmite încredere, profesionalism și bună dispoziție. El poate deschide uși și poate crea o atmosferă plăcută în orice situație.În lumea modernă, în care suntem adesea absorbiți de griji, probleme și presiuni, zâmbetul este un antidot eficient împotriva stresului și a oboselii. El ne ajută să ne relaxăm, să ne detașăm de problemele cotidiene și să ne bucurăm de momentul prezent. Prin zâmbet, putem aduce lumina și pozitivitatea în viața noastră și a celor din jur.

Zâmbetul este o unealtă puternică care ne poate schimba viața în moduri uimitoare. El are puterea de a ne face să ne simțim bine, de a ne apropia de ceilalți și de a crea o lume mai bună și mai fericită în jurul nostru. Prin simplul act de a zâmbi, putem schimba viețile noastre și ale celor din jur în bine și putem aduce mai multă fericire și armonie în lumea noastră.

Deci, nu uitați niciodată să zâmbiți și să răspândiți lumina și bucuria în viața voastră și a celor din jur!

 - Zâmbetul este o expresie facială care ne poate influența starea de spirit în mod pozitiv. Acest gest simplu poate avea un impact semnificativ asupra stării noastre emoționale și poate aduce beneficii atât pentru noi înșine, cât și pentru cei din jurul nostru. Atunci când zâmbim, creierul nostru eliberează endorfine, cunoscut numită și "hormonul fericirii", care ne poate face să ne simțim mai relaxați, mai fericiți și mai pozitivi.

 - Zâmbetul este o formă de comunicare non-verbală foarte puternică. În primul rând, un zâmbet poate trimite semnale pozitive către cei din jur, ceea ce poate contribui la întărirea relațiilor interpersonale și la crearea unui mediu de lucru sau social mai plăcut. Un zâmbet sincer și autentic poate transmite un mesaj de încredere, bunăvoință și prietenie, ceea ce poate îmbunătăți relațiile pe termen lung.

 - Zâmbetul poate avea un impact pozitiv asupra stării de spirit a celor din jurul nostru. Studiile arată că zâmbetul este contagios și poate determina și alte persoane să zâmbească. Acest fenomen se datorează neuronilor oglindă din creier, care sunt responsabili pentru imitația automată a expresiilor faciale ale celorlalți.

Prin urmare, atunci când zâmbim, putem contribui la crearea unei atmosfere mai plăcute și mai relaxate în jurul nostru.

- Zâmbetul poate avea un efect benefic asupra sănătății noastre. Studiile arată că zâmbetul poate reduce stresul, poate îmbunătăți sistemul imunitar și poate scădea tensiunea arterială. Acest lucru se datorează eliberării endorfinelor și serotoninelor în creier, care au efecte benefice asupra stării noastre de sănătate fizică și mentală. Prin urmare, zâmbetul nu este doar un gest plăcut, ci și o modalitate eficientă de a ne menține sănătoși și fericiți.

Pe lângă beneficiile individuale, zâmbetul poate avea și un impact pozitiv asupra mediului înconjurător. Un zâmbet cald și prietenos poate schimba radical atmosfera dintr-o încăpere și poate aduce lumină și optimism într-un context în care predomină negativitatea sau tensiunea. Prin urmare, zâmbetul poate fi un instrument puternic de dezamorsare a conflictelor sau de îmbunătățire a atmosferei sociale în diverse situații.

- Zâmbetul este o expresie facială simplă, dar cu un impact profund asupra stării noastre emoționale, a relațiilor noastre interpersonale, a sănătății noastre și a mediului înconjurător. Prin intermediul zâmbetului, avem o modalitate accesibilă și eficientă de a ne îmbunătăți starea de spirit, de a ne întări relațiile sociale, de a ne menține sănătatea și de a contribui la crearea unei atmosfere pozitive în jurul nostru. Prin urmare, nu subestimați puterea zâmbetului și încercați să-l folosiți în mod activ în viața de zi cu zi pentru a vă îmbunătăți calitatea vieții și a celor din jurul vostru.

Zâmbetul interior este o descoperire profundă și plină de înțelesuri care ne poate ajuta să ne conectăm cu esența noastră autentică, să ne simțim mai bine și să ne bucurăm de viață într-un mod mai autentic și profund. Este o stare de bucurie interioară care emană din adâncul nostru și ne învăluie într-o aură de lumină și fericire.

Descoperirea acestui zâmbet interior poate fi un proces complex și profund, care implică introspecție, auto-cunoaștere și conexiune profundă cu sinele nostru autentic.

Pentru mulți oameni, zâmbetul interior este o resursă inestimabilă în căutarea fericirii și împlinirii personale. Este o sursă de energie pozitivă și de optimism care ne poate ghida în momentele dificile și ne poate ajuta să depășim obstacolele cu mai multă ușurință și încredere în sine. Descoperirea acestui zâmbet interior poate fi un proces de transformare profundă și de vindecare emoțională, care ne poate ajuta să ne eliberăm de rănile trecutului și să ne regăsim echilibrul interior.Există mulți factori care pot influența capacitatea noastră de a descoperi zâmbetul interior. Unul dintre acești factori este starea noastră emoțională și mentală, care poate fi influențată de stres, anxietate, depresie sau alte aspecte care ne pot afecta starea de bine. În acest sens, este important să fim atenți la nevoile noastre emoționale și să investim timp și energie în întărirea stării noastre de bine mentală și emoțională.

Un alt factor important în descoperirea zâmbetului interior este capacitatea noastră de a ne conecta cu sinele nostru autentic și de a ne exprima adevărata noastră natură. Acest lucru implică o cunoaștere profundă a valorilor, dorințelor și nevoilor noastre interioare, precum și o deschidere către noi experiențe și posibilități de creștere și dezvoltare personală. Prin explorarea și cultivarea acestor aspecte ale ființei noastre, putem descoperi treptat zâmbetul interior și putem începe să ne bucurăm de el în mod autentic și profund.

Deși descoperirea zâmbetului interior poate fi un proces complex și profund, există unele strategii și practici care ne pot ajuta să ne conectăm mai ușor cu această resursă prețioasă. Una dintre aceste strategii este practica meditației și a mindfulness-ului, care ne poate ajuta să ne recentrăm atenția asupra prezentului și să ne conectăm cu starea noastră interioară de fericire și liniște. De asemenea, practicarea activităților care ne aduc bucurie și satisfacție, precum sportul, arte vizuale sau muzica, poate fi o modalitate eficientă de a stimula zâmbetul interior și de a ne îmbunătăți starea de bine mentală și emoțională.

O altă modalitate de a descoperi zâmbetul interior este prin practicarea recunoștinței și aprecierii pentru tot ceea ce avem și experimentăm în viață. Recunoașterea și mulțumirea pentru lucrurile bune din viața noastră ne pot ajuta să ne concentrăm asupra aspectelor pozitive și să ne deschidem inima către bucurie și înțelepciune interioară. De asemenea, învățarea să ne acceptăm și să ne iubim așa cum suntem, cu toate calitățile și defectele noastre, poate fi o modalitate eficientă de a cultiva zâmbetul interior și de a ne simți mai bine în propria piele.

Descoperirea zâmbetului interior este un proces profund și benefic care poate aduce o mulțime de beneficii pentru fiecare dintre noi. Prin investirea timpului și energiei în cunoașterea și dezvoltarea acestui aspect al ființei noastre, putem începe să ne simțim mai fericiți, mai încrezători și mai împliniți în viață. Prin conectarea cu zâmbetul interior, putem descoperi o sursă inepuizabilă de fericire și bucurie care ne poate ghida în căutarea noastră de sens și împlinire personală.

Descoperirea zâmbetului interior este un proces personal și profund, care necesită timp, introspecție și înțelegere de sine. Există numeroase tehnici și practici care pot ajuta să-ți conectezi cu această parte luminoasă a ființei tale, să-ți aduci bucurie și pace interioară.

- Practică recunoștința.

Recunoștința este o sursă puternică de bucurie și mulțumire în viață. Ia-ți în fiecare zi câteva momente pentru a reflecta la lucrurile pentru care ești recunoscător și exprimă-ți aprecierea pentru ele.

Poate fi vorba de lucruri mici, precum un zâmbet cald al unei persoane dragi sau de lucruri mai mari, precum o realizare personală sau o experiență de neuitat. Exemplu: În fiecare seară înainte de culcare, înregistrează într-un jurnal trei lucruri pentru care ești recunoscător în ziua respectivă. Poate fi o conversație plină de umor cu prietenul tău sau o simplă plimbare în natură care ți-a adus liniște și bucurie.

- Gândește pozitiv.

Gândirea pozitivă este o abilitate care poate fi cultivată și dezvoltată în timp. Începe să-ți observi gândurile și să le schimbi spre aspecte mai luminoase și mai pline de încredere. Începe să crezi că totul este posibil și că ești suficient de puternic să depășești orice obstacol.
Exemplu: Atunci când te surprinzi gândindu-te negativ la tine însuți sau la situația ta, oprește-te și schimbă acel gând într-unul pozitiv.
De exemplu, dacă te critici pentru un eșec, încurajează-te și remarcă totodată ce ai învățat din acea experiență.

- **Fă-ți timp pentru plăceri simple.**
Uneori, zâmbetul interior poate fi reactivat de lucruri simple și plăcute, care îți aduc în același timp un sentiment de fericire și de relaxare. Găsește timp pentru hobby-urile și activitățile care te fac să te simți bine și care te aduc în prezent, fără griji și stres.
Exemplu: Dacă iubești să pictezi sau să desenezi, fă-ți timp în weekend sau în serile de după muncă să îți exprimi creativitatea. Nu trebuie să fii un artist talentat pentru a te bucura de acest timp petrecut singur cu tine și cu culorile tale preferate.

- **Meditează în fiecare zi.**
Meditația este o tehnică puternică de conectare cu sinele interior și cu starea de calm și de echilibru. Prin meditație, îți poți liniști mintea și poți descoperi o lume interioară plină de pace și de iubire. Dedica cel puțin câteva minute pe zi pentru a medita și a te reconecta cu tine însuți.
Exemplu: Alege un spațiu liniștit și confortabil în care să îți petreci momentele de meditație. Închide ochii, concentrează-te pe respirația ta și lasă gândurile să treacă, fără să te agăți de ele. Încearcă să simți cum liniștea te învăluie și te îmbrățișează.

- Zâmbește mai mult.

Chiar dacă uneori simți că nu ai motive să zâmbești, încearcă să-ți cultivi acest obicei zilnic. Zâmbetul are puterea de a-ți îmbunătăți starea de spirit și de a aduce bucurie în viața ta și în viața celor din jurul tău. Zâmbește când te privești în oglindă, când interacționezi cu alți oameni sau când te gândești la momentele frumoase din viața ta.

Exemplu: Alege un „zâmbet de dimineață" pentru a începe ziua într-un mod pozitiv și fericit. Fie că este vorba de un răsărit spectaculos sau de o ceașcă de cafea delicioasă, găsește-ți acele momente care îți aduc un zâmbet pe buze încă de dimineață.

- Petrece timp în natură.

Conectarea cu natura este o sursă puternică de energie pozitivă și de relaxare pentru toți oamenii. Petrece cel puțin câteva minute pe zi în aer liber, într-un parc sau într-un loc liniștit din natură, unde poți să te simți conectat cu mediul înconjurător și cu tine însuți.

Exemplu: Dacă locuiești într-un mediu urban aglomerat, găsește un parc sau o grădină botanică unde poți să te retragi pentru câteva momente de liniște și de contemplare.

Ascultă sunetele păsărilor, simte mirosul florilor și bucură-te de priveliștea verde și relaxantă.

• Practică yoga sau alte tehnici de relaxare. Yoga este o tehnică antică de conexiune cu corpul, mintea și spiritul, care poate aduce o mare stare de echilibru și de pace interioară. Încearcă să îți integrezi în rutina zilnică câteva exerciții simple de yoga sau alte tehnici de relaxare, care să te ajute să te simți mai bine și mai armonios în interiorul tău. Exemplu: Începe dimineața cu câteva poziții de yoga ușoare, care să îți întindă corpul și să îți liniștească mintea. Poți începe cu poziția „copacul", poziția „pisica-vaca" sau poziția „câinele cu fața în jos", care sunt accesibile chiar și pentru începători.

• Ascultă muzică care îți aduce bucurie. Muzica are puterea de a influența starea noastră emoțională și de a ne conecta cu emoțiile noastre interioare. Alege playlist-uri sau melodii care îți aduc bucurie, liniște sau energie pozitivă și ascultă-le atunci când simți nevoia de a te conecta cu partea ta luminoasă.

Exemplu: Creează-ți un playlist personalizat cu melodiile tale preferate, care îți aduc zâmbetul pe buze și te fac să te simți bine. Poți alege melodii vesele și pline de energie sau melodii lente și relaxante, în funcție de starea ta de spirit și de nevoile tale emoționale.

- Îngrijește-ți corpul și mintea.

O atenție deosebită acordată sănătății fizice și mentale poate avea un impact semnificativ asupra stării tale de bine și a zâmbetului interior. Asigură-te că îți hrănești corpul cu alimente sănătoase, că faci mișcare în mod regulat și că îți acorzi suficient timp pentru odihnă și relaxare.

Exemplu: Înlocuiește alimentele procesate și fast-food-ul cu produse naturale și proaspete, care să îți ofere nutrienții de care organismul tău are nevoie pentru a funcționa corect. Fă mișcare în fiecare zi, fie că este vorba de o plimbare în aer liber, de o ședință de fitness sau de o sesiune de yoga acasă.

- Fii deschis la experiențe noi.

Explorarea constantă a unor noi experiențe și a unor noi provocări poate aduce noi perspective și noi bucurii în viața ta.

Fii deschis la cunoașterea unor culturi și tradiții noi, la încercarea unor activități pe care nu le-ai făcut niciodată sau la conectarea cu oameni din medii diferite de al tău. Exemplu: Înscrie-te la un curs sau la un atelier în care să înveți o nouă abilitate sau o nouă tehnică, care să îți dezvolte creativitatea și să îți aducă satisfacție personală. Poate fi vorba de un curs de dans, de gătit sau de pictură, în funcție de pasiunile tale și de interesele noastre.

- Iubește-te și acceptă-te așa cum ești. Una dintre cele mai puternice modalități de a descoperi zâmbetul interior este să începi să te iubești și să te accepți așa cum ești, fără critici și judecăți negative. Învață să îți recunoști valorile, talentele și frumusețea ta interioară și să le lași să strălucească în exterior.

Exemplu: Împărtășește cu tine însuți afirmări pozitive și încurajatoare în fiecare zi, care să îți ofere încredere și sprijin în momentele dificile. Spune-ți că ești suficient de bun, destul de puternic și destul de frumos pentru a depăși orice obstacol și pentru a-ți atinge toate visurile și obiectivele.

- Practică altruismul și bunătatea.

Ajutarea altora și practicarea actelor de bunătate poate avea un impact pozitiv asupra stării tale emoționale și asupra zâmbetului tău interior. Fii deschis să oferi ajutor celor din jurul tău, să asculte problemele lor și să începi să faci schimbări pozitive în comunitatea ta.

Exemplu: Înscrie-te ca voluntar la un centru local de binefacere sau la un adăpost pentru animale, unde poți oferi timpul, energia și resursele tale celor care au nevoie de ele. Implică-te în acțiuni umanitare sau sociale care să susțină cauzele în care crezi și care să aducă bucurie și speranță în viața altora.

- Practică mindfulness-ul în viața de zi cu zi.

Mindfulness-ul este o tehnică care te ajută să te conectezi cu prezentul, să fii conștient de emoțiile și de gândurile tale și să accepți tot ceea ce îți apare în cale, fără să încerci să controlezi sau să modifice realitatea. Fii atent la fiecare moment, la fiecare emoție și la fiecare respirație și lasă-ți în minte să fie liniștită și clară.

Exemplu: În timp ce mănânci, concentră-te asupra gustului, texturii și mirosului alimentelor și fă-ți timp să te bucuri de fiecare înghițitură. Evită să mănânci în fața calculatorului sau a televizorului și acordă-ți atenție completă mâncării tale și senzațiilor corpului tău.

- Conectează-te cu comunitatea și cu natura.

Sprijinul și conexiunea cu ceilalți oameni și cu mediul înconjurător pot fi surse constante de bucurie și fericire în viața ta. Participă la evenimente comunitare, la acțiuni de voluntariat sau la excursii în natură, care să îți aducă fericire și satisfacție personală. Exemplu: În weekend, organizează o drumeție într-un parc sau într-o rezervație naturală, împreună cu prietenii sau cu familia ta, pentru a petrece timp de calitate în natură și pentru a admira frumusețea mediului înconjurător. Conectează-te cu mediul natural și cu lumea din jurul tău și lasă-te învăluit de energia și de pacea pe care o oferă.

- Nu-ți fie frică să râzi și să te distrezi.

Râsul este o formă naturală de exprimare a bucuriei și a fericirii și poate fi considerat ca un adevărat medicament pentru stres și pentru anxietate. Nu-ți fie frică să râzi în hohote, să te distrezi cu prietenii sau să îți petreci timpul în compania celor care îți aduc zâmbetul pe buze și fericire în inimă. Exemplu: Organizează o seară de jocuri și de râs cu prietenii tăi sau participă la un spectacol de comedie sau la un curs de improvizație, care să îți aducă momente de distracție și fericire. Râzi cu poftă, te relaxează și te simți fericit.

CAPITOLUL 2

Acceptarea propriei persoane.
- *Înțelegerea și acceptarea defectelor personale.*
- *Cum să-ți ierți greșelile din trecut.*
- *Sfaturi pentru a-ți iubi și accepta propria persoană.*

Acceptarea de sine este un proces complex și individual prin care o persoană ajunge să se simtă confortabil și mulțumită cu propria identitate, cu toate calitățile și defectele sale. Acest proces implică conștientizarea și recunoașterea unei persoane cu toate aspectele sale, inclusiv atitudinile, comportamentele și gândurile sale. Este un proces care poate necesita timp, efort și lucrul asupra sinelui pentru a ajunge la un nivel în care o persoană se simte în armonie cu propria sa identitate.

Acceptarea de sine este un element crucial al sănătății mentale și bunăstării emoționale. Când o persoană se simte confortabilă în propria piele și se acceptă așa cum este, ea este mai capabilă să facă față stresului, să se descurce cu provocările vieții și să se bucure de relațiile interpersonale sănătoase.

În plus, acceptarea de sine poate duce la o creștere a stimei de sine și a încrederii în sine, ceea ce poate ajuta la realizarea obiectivelor și aspirațiilor personale. Există mai multe etape și aspecte ale acceptării de sine care trebuie luate în considerare atunci când cineva își dorește să atingă acest obiectiv. Acestea includ conștientizarea și acceptarea emoțiilor negative, conștientizarea și acceptarea propriilor defecte și limite, dezvoltarea unei viziuni echilibrate asupra sinelui și angajarea în practici de îngrijire de sine și auto-îmbunătățire.

Conștientizarea și acceptarea emoțiilor negative sunt un prim pas important în procesul de acceptare de sine. Toată lumea experimentează emoții negative de la un moment dat și este important să le recunoaștem și să le acceptăm în loc să le respingem sau să le ascundem. Aceasta înseamnă să fim sinceri cu noi înșine în privința emoțiilor noastre și să le percepem ca fiind normale și valide. Prin acceptarea acestor emoții, putem începe să le gestionăm și să le eliberăm, ceea ce ne poate ajuta să ne simțim mai bine cu noi înșine.

Un alt aspect important al acceptării de sine este conștientizarea și acceptarea propriilor defecte și limite. Nimeni nu este perfect și este important să ne recunoaștem și să acceptăm faptul că avem defecte și că suntem limitați în anumite moduri. Acest lucru nu înseamnă că nu putem să facem progrese sau să ne îmbunătățim, ci că trebuie să fim realiști în privința a ceea ce putem realiza și să ne acceptăm așa cum suntem, cu toate imperfecțiunile noastre.

Dezvoltarea unei viziuni echilibrate asupra sinelui este, de asemenea, esențială în procesul de acceptare de sine. Adesea ne percepem în mod distorsionat sau negativ și este important să ne concentrăm asupra atuurilor și calităților noastre, nu doar asupra defectelor noastre. Acest lucru implică să ne recunoaștem realizările, să ne apreciem talentele și să ne iubim și să ne acceptăm așa cum suntem. Prin concentrarea asupra aspectelor pozitive ale sinelui nostru, putem ajunge să ne simțim mai siguri pe noi înșine și să avem o viziune mai echilibrată și mai sănătoasă asupra sinelui.

În plus, angajarea în practici de îngrijire de sine și auto-îmbunătățire poate fi benefică pentru acceptarea de sine.

Aceasta poate include activități precum meditația, yoga, exercițiile fizice, socializarea cu persoanele dragi sau explorarea pasiunilor și intereselor personale. Pentru a ne accepta pe noi înșine, trebuie să ne facem o prioritate să ne îngrijim de sine și să ne dedicăm timp și atenție pentru a ne dezvolta și a crește în mod personal.

Acceptarea de sine este un proces continuu și în evoluție care necesită timp, efort și lucrul asupra sinelui. Este o călătorie personală și individuală, iar fiecare persoană va trece prin acest proces în mod unic și la propriul ei ritm. Cu toate acestea, atunci când cineva reușește să se accepte pe sine așa cum este, poate experimenta o senzație de eliberare, pace interioară și fericire autentică care poate să-i transforme viața în moduri profunde și pozitive. Astfel, acceptarea de sine este un obiectiv valoros și important pentru sănătatea mentală și bunăstarea emoțională a fiecărui individ.

Înțelegerea și acceptarea defectelor personale este un pas crucial în procesul de creștere și dezvoltare personală. De multe ori, avem tendința de a ne concentra doar pe aspectele noastre pozitive și să ignorăm sau să negăm defectele sau slabiciunile noastre.

Cu toate acestea, este important să ne confruntăm cu ele și să le acceptăm în modul în care ne acceptăm și calitățile. Acest lucru ne permite să ne cunoaștem mai bine pe noi înșine și să creștem în mod continuu ca indivizi.Important este să înțelegem că nimeni nu este perfect și că este normal să avem defecte sau slăbiciuni. Defectele noastre fac parte din ceea ce suntem ca persoane și nu ar trebui să ne definească sau să ne facă să ne simțim mai puțin valoroși. Prin acceptarea acestor slăbiciuni, putem să ne vindecăm și să ne eliberăm de povara auto-judecății și a criticii excesive.

Un pas important în această direcție este să începem să ne analizăm și să ne înțelegem mai bine defectele noastre. Este important să fim sinceri cu noi înșine și să recunoaștem ceea ce nu funcționează în viața noastră sau ce aspecte ale personalității noastre au nevoie de îmbunătățiri. Acest lucru poate fi dificil, deoarece adesea ne este greu să recunoaștem că avem defecte sau să ne confruntăm cu ele. Cu toate acestea, este esențial să ne asumăm responsabilitatea pentru propria noastră creștere și dezvoltare personală.

Odată ce am identificat defectele noastre, este important să ne confruntăm cu ele în mod deschis și să încercăm să le înțelegem originea. Mulți dintre aceste slăbiciuni provin din experiențe din trecut, modele comportamentale sau credințe limitative pe care le-am dezvoltat de-a lungul timpului. Prin identificarea cauzelor profunde ale acestor defecte, putem începe să lucrăm pentru a le depăși și a ne vindeca. Acceptarea defectelor noastre implică, de asemenea, să ne acordăm în mod rezonabil grație și clemență. Trebuie să ne reamintim că suntem ființe umane și că toți facem greșeli și avem slăbiciuni. Este important să nu fim prea duri cu noi înșine și să ne permitem să facem greșeli și să învățăm din ele. Prin acceptarea faptului că suntem imperfecți și că avem nevoie să lucrăm asupra noastră în mod constant, putem începe să ne iertăm și să ne acceptăm așa cum suntem.Un alt aspect important al acceptării defectelor personale este să încercăm să le transformăm în puncte forte sau să le folosim pentru a ne îmbunătăți viața. De multe ori, slăbiciunile noastre pot deveni o sursă de creștere și învățare.

Prin confruntarea cu ele și lucrul pentru a le depăși, putem deveni mai puternici ca persoane.

De exemplu, o persoană care se confruntă cu probleme de încredere în sine poate lucra asupra acestui aspect și dezvolta rapid încrederea în sine și asigurarea. Prin transformarea defectelor noastre în puncte forte, putem descoperi un potențial neexplorat și putem atinge noi perspective și realizări în viața noastră.este important să ne acordăm timp pentru a ne îngriji și a ne iubi pe noi înșine. Să ne acordăm privilegiul de a face lucrurile care ne fac fericiti și de a ne îngriji de nevoile noastre, atât fizic, cât și emoțional. Prin auto-îngrijire și auto-acceptare, putem construi o relație mai sănătoasă cu noi înșine și să creștem în autocunoaștere și încredere în sine. Acceptarea și înțelegerea defectelor noastre personale este un proces continuu și este esențial să fim deschiși și flexibili în ceea ce privește schimbările și evoluțiile care pot apărea în timp. Prin conștientizarea și acceptarea slăbiciunilor noastre, putem găsi pace și echilibru interior, iar acest lucru poate aduce o mulțime de beneficii în toate aspectele vieții noastre.

Este important să ne amintim că suntem unici și speciali așa cum suntem și că fiecare aspect al personalității noastre contribuie la frumusețea și diversitatea noastră ca indivizi. Înțelegerea și acceptarea defectelor personale este un proces esențial în călătoria noastră de autodescoperire și creștere personală. Prin confruntarea cu ele, înțelegerea lor și acceptarea lor în cadrul întregii noastre ființe, putem începe să ne vindecăm și să ne transformăm în versiuni mai bune și mai autentice ale noastre înșine. Prin acceptarea slăbiciunilor noastre, putem găsi pace, echilibru și încredere în sine și putem experimenta o viață mai plină și mai fericită. Greșelile din trecut sunt o parte naturală a experienței umane și fac parte din procesul de învățare și creștere. Ele ne oferă oportunitatea de a reflecta asupra deciziilor luate și de a învăța din ele, pentru a evita repetarea lor în viitor. În cadrul acestei lucrări, ne propunem să explorăm importanța recunoașterii greșelilor din trecut, impactul lor asupra noastră și modalitățile prin care putem învăța să le gestionăm într-un mod sănătos și constructiv.

O recunoaștere clară și conștientă a greșelilor poate avea un impact pozitiv asupra dezvoltării noastre personale și profesionale. Acceptarea propriilor greșeli ne poate ajuta să ne dezvoltăm empatia și înțelegerea față de ceilalți, să ne asumăm responsabilitatea pentru acțiunile noastre și să creștem în mod constant. Însă, este important să învățăm să gestionăm greșelile într-un mod sănătos și constructiv, fără să ne lăsăm copleșiți de sentimente de vinovăție sau deznădejde.

Unul dintre primele pași în gestionarea greșelilor este să recunoaștem faptul că am greșit și să ne asumăm responsabilitatea pentru acțiunile noastre. Este important să înțelegem că greșelile fac parte din viața noastră și că nu suntem perfecți.

Recunoașterea greșelilor este un prim pas spre înțelegerea lor și învățarea din ele. Este important să ne asumăm responsabilitatea pentru greșelile noastre și să punem în aplicare măsuri pentru a le corecta și a evita repetarea lor în viitor.

Odată ce am recunoscut greșelile și ne-am asumat responsabilitatea pentru ele, următorul pas este să învățăm din ele.

Este important să reflectăm asupra acțiunilor noastre și să identificăm cauzele care au dus la greșeală, pentru a evita repetarea lor în viitor. Învățarea din greșeli ne poate ajuta să ne dezvoltăm abilități de analiză și autocunoaștere, să ne îmbunătățim capacitatea de luare a deciziilor și să creștem în mod constant.

Un alt aspect important în gestionarea greșelilor este să evităm să ne lăsăm copleșiți de sentimente de vinovăție sau deznădejde. Este normal să simțim regret sau culpă pentru greșelile noastre, dar este important să ne eliberăm de aceste sentimente și să ne concentrăm asupra soluțiilor și a măsurilor corective pe care le putem lua. Este important să ne amintim că greșelile sunt oportunități de învățare și creștere și să ne folosim de ele pentru a ne dezvolta în mod pozitiv.

În plus, este important să fim deschiși și receptivi la feedbackul celor din jur și să ne folosim de el pentru a ne îmbunătăți și a evita repetarea greșelilor. Feedbackul este o sursă valoroasă de informații despre modul în care acțiunile noastre afectează pe ceilalți și ne poate ajuta să identificăm aspecte pe care le putem îmbunătăți în comportamentul nostru.

Este important să primim feedbackul în mod deschis și constructiv și să avem o atitudine receptivă față de sugestiile și recomandările celor din jur.

Recunoașterea greșelilor din trecut și gestionarea lor într-un mod sănătos și constructiv sunt aspecte importante ale dezvoltării personale și profesionale. Prin recunoașterea greșelilor, învățarea din ele, evitarea repetării lor în viitor și folosirea feedbackului celor din jur, putem crește și ne putem îmbunătăți în mod constant. Greșelile fac parte din viața noastră și este important să le privim ca pe oportunități de învățare și creștere.

Iertarea este un proces complex și profund personal, care poate fi extrem de dificil atunci când vine vorba despre greșelile din trecut. Totuși, este un pas important pentru vindecare și eliberare, atât pentru tine, cât și pentru cei implicați în situația respectivă. Iertarea nu înseamnă că ceea ce s-a întâmplat este uitat sau uitat, ci că decizi să eliberezi resentimentele, furia și amărăciunea asociate cu acel eveniment și să mergi înainte cu viața ta.

Să explorăm cum poți să-ți ierți greșelile din trecut, într-o manieră care să te ajute să te eliberezi de povara vinovăției și să te îndrepte spre vindecare și creștere personală.

- Acceptarea și conștientizarea greșelilor tale.

Primul pas în procesul de iertare a greșelilor tale din trecut este să recunoști și să accepți faptul că ai greșit. Este important să îți asumi responsabilitatea pentru acțiunile tale și să te confrunți cu consecințele acestora. Poate fi dificil să recunoști că ai greșit, dar este un pas crucial în procesul de vindecare. Odată ce accepți și conștientizezi greșelile tale, poți începe să lucrezi la iertarea lor.

De exemplu, să ne imaginăm că în trecut ai mințit sau ai rănit pe cineva cuvinte dure. Recunoașterea faptului că ai greșit și conștientizarea impactului negativ al acțiunilor tale asupra celorlalți pot fi primii pași către iertare.

- Identificarea sursei vinovăției și regretul sincer.

După ce ai recunoscut greșeala ta și ai acceptat responsabilitatea pentru ea, este important să identifici sursa vinovăției și să îți exprimi sincer regretul față de acțiunile tale.

Acest lucru implică înțelegerea modului în care greșeala ta a afectat pe cei implicați și recunoașterea durerii și suferinței pe care le-ai cauzat.

Pentru a reveni la exemplul anterior, poți simți regret sincer pentru faptul că ai mințit sau ai vorbit urât cuiva, și pentru durerea și suferința pe care ai provocat-o în urma acțiunilor tale. Regretul sincer este esențial în procesul de iertare, deoarece arată că îți pare rău pentru ceea ce ai făcut și că ești dispus să îți asumi responsabilitatea pentru greșeala ta.

- Luarea măsurilor corective și învățarea din greșelile tale.

După ce ai identificat sursa vinovăției și ai exprimat regretul sincer, este important să iei măsuri corective și să înveți din greșelile tale. Aceasta înseamnă să îți asumi un angajament sincer de a nu mai repeta aceeași greșeală în viitor și să te străduiești să devii o versiune mai bună a ta.

Poate fi util să îți faci un plan de acțiune pentru a corecta greșeala ta și pentru a evita repetarea ei în viitor. Poți avea, de asemenea, o discuție deschisă și sinceră cu cei pe care i-ai rănit pentru a le arăta că îți pare sincer rău și că ești dispus să îți asumi responsabilitatea pentru acțiunile tale.

De exemplu, dacă ai vorbit urât cu cineva, poți decide să îți ceri scuze și să îți asumi responsabilitatea pentru cuvintele tale. De asemenea, poți lua măsuri pentru a-ți controla impulsurile emoționale și pentru a evita să mai repeți același comportament în viitor.

- Practicarea compasiunii și empatiei față de tine însuți

Iertarea de sine este un aspect crucial al procesului de iertare a greșelilor din trecut. Este important să îți acorzi iertare și să îți arăți compasiune și empatie față de tine însuți, înainte de a putea ierta și a cere iertare celorlalți.Poate fi util să îți amintești că ești doar un om și că este normal să greșești din când în când. Poți să îți reamintești că ești într-un proces de creștere și învățare și că greșelile pe care le-ai făcut sunt oportunități de a crește și de a deveni o persoană mai bună.

- Cererea și acordarea iertării.

După ce ai parcurs toți acești pași și ai lucrat la iertarea ta de sine și la împăcare cu greșelile tale din trecut, poți să începi să îți ierți și să îți ceri iertare celor pe care i-ai rănit sau cu care ai avut conflict în trecut.

Este important să fii sincer și deschis în cererea și acordarea iertării și să fii dispus să asculți și să îți asumi responsabilitatea pentru acțiunile tale.

Iertarea este un proces complex și nu este întotdeauna ușor să o obții, dar este un pas esențial pentru vindecare și eliberare. Este important să fii deschis și receptiv la procesul de iertare și să fii dispus să te implici activ în el pentru a putea merge înainte cu viața ta și a te elibera de povara greșelilor trecutului.

Iată câțiva pași suplimentari care te pot ajuta să îți ierți greșelile din trecut:

- Practicarea autocunoașterii și a mindfulness-ului.

Autocunoașterea și mindfulness-ul pot fi instrumente puternice în procesul de iertare a greșelilor din trecut. Prin practicarea autocunoașterii, poți să îți explorezi emoțiile și motivele care au stat la baza acțiunilor tale și poți să îți dezvolți înțelegerea și compasiunea față de tine însuți. De asemenea, mindfulness-ul poate fi util în gestionarea reacțiilor emoționale și în menținerea calmului și clarității în momentele dificile.

- Angajarea într-un proces de terapie sau consiliere.

Dacă simți că nu poți face față procesului de iertare pe cont propriu, este indicat să cauți ajutorul unui terapeut sau consilier. Un terapeut calificat îți poate oferi sprijin și îndrumare în procesul de iertare și te poate ajuta să explorezi și să înțelegi mai bine resursele tale interioare și modul în care poți depăși greșelile din trecut.

Iertarea greșelilor din trecut poate fi un proces dificil și complex, dar este un pas esențial pentru vindecare și eliberare. Prin recunoașterea și acceptarea greșelilor tale, exprimarea regretului sincer, luarea măsurilor corective și practicarea compasiunii față de tine însuți, poți să îți eliberezi de povara vinovăției și sămerge înainte cu viața ta. De asemenea, este important să acorzi timp și răbdare procesului de iertare și să fii deschis și receptiv la schimbările și transformările pe care le poate aduce în viața ta.

Va propun 15 sfaturi pentru a-ți iubi și accepta propria persoană.

1. Fii conștient de gândurile și sentimentele tale.

Pentru a începe să te iubești mai mult, este important să fii conștient de gândurile și sentimentele pe care le ai despre tine însuți. Oferă-ți timp să reflectezi asupra modului în care te percepi și cum te simți în diferite situații. Dacă observi că ai tendința de a avea gânduri negative despre tine sau de a te critica constant, încearcă să îți schimbi perspectiva și să găsești aspectele pozitive ale persoanei tale.

De exemplu, în loc să te concentrezi pe defectele tale, încearcă să te gândești la calitățile tale și la lucrurile pe care le faci bine. Poți ține un jurnal în care să notezi gândurile și sentimentele tale pentru a-ți construi o perspectivă mai echilibrată asupra propriei persoane.

2. Practică auto-îngrijirea și respectul de sine.

Un aspect important al iubirii de sine este practicarea auto-îngrijirii și respectului de sine. Aceasta înseamnă să îți acorzi timp pentru a avea grijă de tine atât fizic, cât și emoțional.

Poți începe să îți creezi o rutină zilnică de
auto-îngrijire care să includă activități
precum exercițiile fizice, meditația, cititul
unei cărți sau petrecerea timpului în natură.
Respectul de sine implică, de asemenea, să îți
stabilești limite sănătoase în relațiile tale și
să îți exprimi nevoile și dorințele în mod clar
și asertiv. În acest fel, îți vei arăta că îți acorzi
importanță și că meriți să fii tratat cu respect
de către ceilalți.

3. Accceptă-ți imperfecțiunile și greșelile.
Nimeni nu este perfect, iar acceptarea
faptului că faci greșeli și ai imperfecțiuni este
un pas important în procesul de iubire de
sine. Fiecare persoană are punctele sale slabe
și aspectele pe care ar dori să le schimbe, însă
este important să înveți să îți accepți
imperfecțiunile și să îți ierți greșelile.
Poți începe să te gândești la greșelile tale ca la
o oportunitate de învățare și de creștere
personală. În loc să îți critici sau judeci
constant acțiunile, încearcă să te ierți și să îți
oferi șansa de a îmbunătăți și de a deveni o
versiune mai bună a ta.

4. Invață să te iubești necondiționat.
Una dintre cele mai importante lecții ale
iubirii de sine este să înveți să te iubești

necondiționat, indiferent de circumstanțe sau de greșelile pe care le faci. Aceasta înseamnă să îți accepți întreaga ființă, cu bune și cu rele, și să îți oferi dragoste și compasiune în orice situație.
Poți începe să practici iubirea de sine necondiționată oferindu-ți mesaje de afirmare pozitive în fiecare zi și tratându-te cu aceeași gentilețe și înțelegere pe care le-ai oferi unui prieten drag. Cu timpul, vei observa că începi să îți stabilești o relație mai bună și mai iubitoare cu propria persoană.

5. Practică recunoștința și aprecierea de sine
O modalitate eficientă de a îți cultiva iubirea de sine este să practici recunoștința și aprecierea de sine. Fă-ți timp să reflectezi asupra aspectelor pozitive ale vieții tale și să îți exprimi recunoștința pentru toate lucrurile bune pe care le ai. Poți ține un jurnal de recunoștință în care să notezi zilnic trei lucruri pentru care îți ești recunoscător sau poți face exerciții de apreciere pentru calitățile și realizările tale personale. Apreciindu-ți calitățile și realizările, vei fi mai încrezător în tine și vei simți o creștere a stimei de sine.

6. Gestionează-ți criticul interior.

Unul dintre cei mai mari inamici ai iubirii de sine este criticul interior, vocea critică care îți spune că nu ești suficient de bun sau că nu meriți să fii iubit. Pentru a îți cultiva iubirea de sine, este important să îți confrunți criticul interior și să îi contracarezi gândurile negative cu afirmații pozitive și încurajatoare.

Dacă observi că criticul interior devine prea puternic, poți încerca să îți imaginezi că ești un prieten care îți oferă suport și încurajare sau să îți găsești un mantra care să te ajute să îți schimbi perspectiva asupra ta. Cu timpul, vei observa că criticul interior devine mai puțin puternic și că poți să îți construiești o relație mai sănătoasă și mai iubitoare cu propria persoană.

7. Acordă-ți timp să faci lucruri care te fac fericit.

Pentru a te iubi și a te accepta mai mult, este important să îți acorzi timp să faci lucruri care îți aduc bucurie și împlinire. Fie că este vorba de practicarea unei hobby-uri, explorarea unor pasiuni sau petrecerea timpului cu persoanele dragi, este important să îți faci un program sănătos de activități care să îți aducă fericire și satisfacție.

Fă o listă cu lucrurile care te fac fericit și încearcă să le integrezi în rutina ta zilnică. Fiecare moment petrecut făcând lucruri care îți aduc bucurie îți va consolida stima de sine și îți va oferi o perspectivă pozitivă asupra propriei persoane.

8. Învață să îți accepți corpul așa cum este
În societatea în care trăim, există multă presiune pentru a avea un anumit aspect fizic sau o anumită siluetă. Pentru a te iubi și a te accepta mai mult, este important să îți accepți corpul așa cum este, cu toate imperfecțiunile și particularitățile sale. În loc să te critici sau să îți compari corpul cu standardele de frumusețe impuse de societate, încearcă să îți accepți corpul ca pe o parte însemnată a ființei tale.
Poți începe să îți exprimi recunoștința pentru corpul tău printr-un ritual de îngrijire personală sau prin practicarea mișcării în mod plăcut și sănătos pentru tine. În fiecare zi, îți poți spune cât de minunat este corpul tău și cât de recunoscător ești pentru tot ceea ce îți oferă.

9. Cultivă un mediu de susținere și compasiune.

Pentru a te iubi și a te accepta mai mult, este important să îți construiești un mediu de susținere și compasiune în jurul tău. Alege să îți petreci timpul alături de persoane care îți oferă sprijin și înțelegere și care te încurajează să fii tu însuți. Evită relațiile toxice sau relaționările care îți afectează stima de sine și caută persoane care te apreciază și te acceptă așa cum ești.

De asemenea, poți să îți acorzi timp să fii singur și să reflectezi asupra nevoililor și dorințelor tale într-un mod empatic și compasiv. În acest fel, vei putea să îți oferi suport și încurajare atunci când ai nevoie și să îți construiești o relație mai sănătoasă cu propria persoană.

10. Întreabă-te ce îți dorești și ce te face fericit.

Un alt aspect important al iubirii de sine este să îți descoperi nevoile și dorințele tale și să îți acorzi timp să explorezi ceea ce te face fericit. Încearcă să îți clarifici valorile și prioritățile tale în viață și să îți stabilești obiective realiste și inspiraționale care să îți aducă satisfacție și împlinire.

11. Fă-ți timp să te gândești la ce îți dorești cu adevărat de la viața ta și să îți stabilești un plan de acțiune pentru a urmări aceste obiective. Fiecare pas mic pe care îl faci în direcția îndeplinirii dorințelor tale te va ajuta să îți construiești o relație mai autentică și mai iubitoare cu propria persoană.

11. Invață să primești și să oferi iubire.
Pentru a te iubi mai mult, este important să înveți să primești și să oferi iubire în mod autentic și sincer. Încearcă să îți exprimi iubirea și recunoașterea față de cei dragi, dar și față de tine însuți. Fii deschis să primești dragostea și aprecierea celor din jurul tău și să îți accepți cu recunoștință sentimentele de iubire și afecțiune pe care le primești.
De asemenea, încearcă să îți acorzi timp să îți oferi iubire și compasiune în mod constant și să îți amintești că meriți să fii iubit și să fii îngrijit în același fel în care îngrijești și iubești pe ceilalți.

12. Investește în dezvoltarea ta personală
Pentru a te iubi și a te accepta mai mult, este important să investești în dezvoltarea ta personală și să îți acorzi timp și resurse pentru a evolua și a crește ca ființă umană.

Poți să îți setezi obiective de dezvoltare personală și să urmărești cursuri sau training-uri care să te ajute să îți îmbunătățești abilitățile și cunoștințele în domeniile care te interesează.

De asemenea, poți să îți faci timp să citești cărți motivaționale sau să participi la conferințe sau seminarii care te inspiră și te motivează să îți urmărești visurile și să te dezvolți în mod continuu. Prin investirea în dezvoltarea ta personală, vei observa că te simți mai încrezător și mai împlinit și că îți construiești o relație mai bună cu propria persoană.

13. Practică iertarea de sine și a altora.
Un pas important în procesul de iubire de sine este practicarea iertării de sine și a altora. Fie că este vorba de greșelile tale personale sau de răni și nedreptăți provocate de ceilalți, este important să îți acorzi iertare și să îți eliberezi inima de sentimentele de vinovăție și resentimente.

Poți începe să practici iertarea de sine și a altora prin identificarea emoțiilor pe care le simți și prin exprimarea acestora într-un mod eliberator și conștient. În loc să îți împiedici sentimentele de vinovăție sau de durere să se acumuleze în interiorul tău, încearcă să le identifici, să le accepți și să le eliberezi pentru a putea merge mai departe într-un mod eliberat și luminat.

14. Caută ajutor și suport atunci când ai nevoie.
În procesul de iubire de sine, este important să îți accepți nevoile și să îți acorzi permisiunea de a cere ajutor și suport atunci când ai nevoie. Nu ezita să vorbești cu un terapeut sau cu un coach care să te ajute să îți explorezi emoțiile și să îți găsești soluții pentru a te iubi și a te accepta mai mult.
De asemenea, poți să îți găsești un grup de suport sau să participi la întâlniri în care să îți împărtășești experiențele și să îți primești sprijinul celor care trec prin situații similare. Caută resurse și soluții care să te ajute să depășești provocările și să îți construiești o relație mai sănătoasă și mai iubitoare cu propria persoană.

15. Fii răbdător și blând cu tine însuți.
În cele din urmă, este important să fii răbdător și blând cu tine însuți în procesul de iubire de sine. Schimbările și evoluția personală necesită timp și efort.

Nu uita să fii blând cu tine însuți în momentele dificile și să îți oferi compasiune și susținere atunci când ai nevoie. Fiecare pas mic pe care îl faci în direcția iubirii de sine este un pas important în procesul de creștere și de autodeterminare, așa că fii răbdător și încrezător în procesul tău de transformare. Iubirea de sine este un aspect fundamental al sănătății mentale și al stimei de sine și este important să îți acorzi timp și atenție pentru a îți construi o relație sănătoasă și iubitoare cu propria persoană. Prin practicarea auto-îngrijirii, a recunoștinței, a iubirii necondiționate și a compasiunii, vei observa că începi să te simți mai încrezător, mai fericit și mai echilibrat în relațiile tale.

Fii deschis să explorezi aspectele tale interioare și să îți acorzi permisiunea de a fi autentic și autentic în ceea ce privește nevoile și dorințele tale. Cu răbdare și determinare, vei găsi resursele și soluțiile necesare pentru a te iubi și a te accepta într-un mod profund și autentic și pentru a trăi o viață plină de iubire și bucurie.

"Acceptarea de sine este cheia fericirii
și a păcii interioare.
Atunci când ne iubim și
ne acceptăm așa cum suntem,
suntem liberi să fim autentici
și să trăim vieți pline de semnificație
și bucurie."

- David G. Allen

CAPITOLUL 3

Autocunoaștere și dezvoltare personală.
- *Cum să-ți descoperi adevăratele pasiuni și interese.*
- *Îmbunătățirea relației cu tine însuți.*
- *Strategii pentru a-ți dezvolta încrederea în propria persoană.*

Autocunoașterea și dezvoltarea personală sunt două concepte interconectate și fundamentale pentru creșterea și evoluția individului. Autocunoașterea se referă la procesul de a înțelege propriile gânduri, emoții, comportamente și motivații, în timp ce dezvoltarea personală implică eforturile constante de a deveni o versiune mai bună a unei persoane, prin îmbunătățirea abilităților, cunoștințelor și comportamentelor.

În era modernă, autocunoașterea și dezvoltarea personală au devenit din ce în ce mai importante, deoarece ritmul rapid al schimbării și provocările din societatea contemporană cer individului să fie flexibil, adaptabil și capabil să se adapteze la diverse situații. Îmbunătățirea autocunoașterii și dezvoltarea personală sunt cheia pentru a depăși obstacolele, a-ți atinge obiectivele și a-ți atinge potențialul maxim.

Autocunoașterea începe cu o auto-reflecție sinceră și atentă asupra a ceea ce ești ca individ. Este important să fii conștient de punctele tale tari și slabe, de valorile și credințele tale, de emoțiile și reacțiile tale. Prin autocunoaștere, poți identifica ce anume te motivează, ce te face fericit și ce te face să te simți împlinit. În același timp, autocunoașterea te ajută să înțelegi de ce anumite comportamente sau reacții apar și să găsești modalități de a le gestiona sau îmbunătăți.

Dezvoltarea personală reprezintă procesul continuu de creștere și învățare care are ca obiectiv îmbunătățirea abilităților, cunoștințelor și competențelor unei persoane. Acest proces poate implica participarea la cursuri de formare, citirea cărților de dezvoltare personală, dezvoltarea unor abilități noi sau lucrul cu un coach sau mentor. Dezvoltarea personală poate fi realizată în diverse domenii, cum ar fi cariera, relațiile interpersonale, sănătatea fizică și mentală, spiritualitatea sau creativitatea.

Există numeroase beneficii ale autocunoașterii și dezvoltării personale. Prin autocunoaștere, poți lua decizii mai bune în viața personală și profesională, poți comunica mai eficient cu ceilalți, poți stabili obiective realiste și îți poți gestiona emoțiile în mod sănătos. Dezvoltarea personală te ajută să-ți descoperi potențialul neexploatat, să-ți dobândești abilități noi și să-ți crești încrederea în tine. De asemenea, acest proces te poate ajuta să depășești obstacolele și să te autodepășești în continuu.

Există numeroase modalități prin care poți îmbunătăți autocunoașterea și dezvoltarea personală. În primul rând, este important să fii deschis la a te cunoaște pe tine însuți și să fii sincer cu tine în privința punctelor tale tari și slabe. Poți ține un jurnal în care să-ți înregistrezi gândurile, emoțiile și reacțiile tale pentru a avea o perspectivă mai clară asupra sinelui tău. De asemenea, poți participa la activități de autocunoaștere, cum ar fi meditația sau terapia, pentru a-ți îmbunătăți conectarea cu tine însuți.

Pentru dezvoltarea personală, este important să îți setezi obiective realiste și să îți stabilești un plan de acțiune pentru a le atinge.

Pentru dezvoltarea personală, este important să îți setezi obiective realiste și să îți stabilești un plan de acțiune pentru a le atinge. Poți participa la cursuri de formare sau workshop-uri care îți oferă oportunitatea de a-ți dezvolta abilitățile și cunoștințele. De asemenea, poți căuta un coach sau mentor care să te ghideze în procesul tău de dezvoltare personală și să îți ofere suport și îndrumare.

Autocunoașterea și dezvoltarea personală sunt două aspecte fundamentale ale creșterii și evoluției individului. Prin autocunoaștere, poți înțelege mai bine cine ești, ce te motivează și cum te poți îmbunătăți, în timp ce dezvoltarea personală te ajută să-ți îmbunătățești abilitățile, cunoștințele și competențele. Investiția în autocunoaștere și dezvoltare personală nu doar că te ajută să-ți atingi obiectivele și să-ți îți maximezi potențialul, dar îți oferă și o mai mare satisfacție și împlinire în viață.

Descoperirea adevăratelor pasiuni și interese este un proces personal care necesită auto-reflecție, explorare și experimentare. Este important să îți dedici timp pentru a explora diverse activități și domenii de interes, astfel încât să îți descoperi ceea ce te motivează și îți aduce împlinire.

În cele ce urmează, voi prezenta câteva modalități prin care poți să îți descoperi adevăratele pasiuni și interese.

- Auto-reflecție.

Un prim pas important în descoperirea pasiunilor tale este să îți analizezi gândurile, sentimentele și experiențele anterioare. Reflectează asupra momentelor în care te-ai simțit cel mai fericit, împlinit sau entuziasmat. Gândește-te la activitățile pe care le-ai făcut cu plăcere și cu pasiune și încearcă să identifici motivele care stau în spatele acestor sentimente.

- Experimentare: Pentru a-ți descoperi pasiunile, este important să încerci cât mai multe activități diferite. Fă-ți o listă cu diverse domenii de interes (arte, sport, științe, literatură etc.) și încearcă să te implici în cât mai multe dintre ele.

- Intrebări și discuții.

 Poți să discuți cu prietenii, familia sau colegii despre ceea ce îi pasionează și să îți pui întrebări despre care pasiuni ai vrea să explorezi mai mult. În același timp, poți să îți împărtășești propriile interese și să ceri feedback sau sugestii.

- Invață despre tine.

Fă-ți un inventar al calităților, abilităților și valorilor tale personale. Încearcă să identifici cum aceste caracteristici se reflectă în pasiunile și interesele tale. De asemenea, poți să îți stabilești obiective personale și să descoperi activități care te ajută să îți atingi aceste obiective.

- Fii deschis la noi experiențe.

 Uneori, pasiunile și interesele noastre ne pot surprinde și pot apărea din experiențe neașteptate. Fii deschis la noi provocări și oportunități și încearcă să îți păstrezi mintea deschisă pentru a descoperi pasiuni noi.

- Conectează-te cu alți oameni:
  Interacțiunea cu oameni care împărtășesc pasiunile tale poate fi o modalitate excelentă de a-ți descoperi și dezvolta interesele.

- Incurajează-te să încerci lucruri noi: Pentru a descoperi pasiunile tale, este important să te lași surprins și să încerci lucruri noi. Fii curios și deschis la provocări și nu îți fie frică să îți depășești zonele de confort.

- Invață să îți asculți intuiția: Uneori, pasiunile noastre pot fi descoperite prin intermediul intuiției și instinctelor noastre. Învață să îți asculți vocea interioară și să îți urmezi pasiunile cu încredere și determinare.

Descoperirea adevăratelor pasiuni și interese poate fi un proces continuu și evolutiv. Este important să îți acorzi timp și atenție pentru a te conecta cu ceea ce te motivează și te inspiră cu adevărat. Fiecare persoană are propriile pasiuni unice și este important să îți accepți și să îți prețuiești interesele, indiferent de cât de diferite sau neobișnuite ar putea părea pentru alții. Prin explorare, experimentare și auto-descoperire, vei putea să îți îmbrățișezi adevăratele pasiuni și interese și să trăiești o viață mai împlinită și autentică.

Îmbunătățirea relației cu tine însuți este un proces continuu și esențial pentru starea ta de bine și fericirea ta pe termen lung. Relația pe care o ai cu tine însuți este cea mai importantă pe care o vei avea vreodată în viața ta și influențează toate celelalte aspecte ale vieții tale, inclusiv relațiile cu cei din jurul tău, succesul profesional și starea ta generală de sănătate.

Îmbunătățirea relației cu tine însuți implică să lucrezi la nivelul atitudinilor și credințelor tale despre tine însuți, să-ți accepți și să-ți iubești întregul tău ființă și să îți acorzi timpul și atenția de care ai nevoie pentru a te dezvolta și a te transforma într-o versiune mai bună a ta.

Vom explora mai multe modalități prin care poți îmbunătăți relația cu tine însuți și să te descoperi și să te îmbunătățești în mod constant.

- Recunoașterea și acceptarea de sine.

Un prim pas crucial în îmbunătățirea relației cu tine însuți este să recunoști și să accepți cine ești cu adevărat. Este important să îți recunoști atât punctele forte, cât și punctele slabe și să înțelegi că ești o ființă umană imperfectă și că nu ești perfect.

Acceptarea de sine este esențială pentru a te bucura de o relație sănătoasă cu tine însuți, deoarece o negare a sinelui poate duce la stres, anxietate și depresie.

- Practica autocunoașterii.

Pentru a îmbunătăți relația cu tine însuți, este important să investești timp și energie în practica autocunoașterii. Aceasta înseamnă să te adresezi întrebărilor profunde despre cine ești, ce îți dorești de la viață și care sunt valorile și credințele tale. Poți folosi tehnici precum meditația, jurnalul și terapia pentru a-ți descoperi mai bine sinele interior și pentru a-ți clarifica viziunea ta despre tine și lumea din jurul tău.

- Practicarea auto-îngrijirii.

Auto-îngrijirea este un aspect crucial al îmbunătățirii relației cu tine însuți. Nu poți să te iubești pe tine însuți dacă nu îți oferi timpul și atenția de care ai nevoie pentru a-ți îngriji mintea, trupul și spiritul. Asigură-te că îți acorzi timp pentru odihnă, meditație, mișcare fizică, alimentație sănătoasă și activități care aduc bucurie și satisfacție.

- Învațarea iertării de sine.

Iertarea de sine este un pas important în îmbunătățirea relației cu tine însuți.

Fie că este vorba despre greşelile din trecut, despre deciziile proaste sau despre relații nesănătoase, este important să îți oferi iertare și să îți permiți să mergi înainte. Iertarea de sine te ajută să scapi de povara vinovăției și să îți eliberezi mintea și inima pentru a trăi în prezent și a-ți crea un viitor mai bun.

- Setarea unor obiective și scopuri.

Setarea obiectivelor și scopurilor este un mod eficient de a îmbunătăți relația cu tine însuți și de a-ți îmbunătăți viața. Când îți stabilești obiective clare și relevante pentru tine, îți oferi un scop și un sens în viață și îți creezi o direcție clară pentru a urma. Este important să îți stabilești obiective realiste și realizabile și să îți dedici timpul și efortul necesar pentru a le atinge.

- Conectarea cu tine însuți.

Pentru a îmbunătăți relația cu tine însuți, este esențial să îți dedici timpul pentru a te conecta cu tine însuți într-un mod profund și autentic. Acest lucru poate însemna să te retraiești din activitățile zilnice și să îți acorzi timp pentru reflecție, meditație și conectarea cu trăirile interioare.

Prin conexiunea cu tine însuți, poți să îți descoperi adevăratele dorințe și să te îndrepți spre o viață mai autentică și satisfăcătoare.

- Cultivarea unei atitudini pozitive față de tine însuți.

Atitudinea ta față de tine însuti este esențială pentru starea ta de bine și fericirea ta în viață. Este important să îți cultivi o atitudine pozitivă și optimistă față de sine însuți, să îți recunoști și să îți celebrezi succesele și să îți oferi încurajare și sprijin în momentele dificile. O atitudine pozitivă te ajută să te simți mai puternic și mai încrezător în abilitățile tale și să îți depășești limitele personale.

Îmbunătățirea relației cu tine însuți este un proces continuu și esențial pentru a trăi o viață fericită și împlinită. Prin recunoașterea și acceptarea de sine, practicarea autocunoașterii, auto-îngrijirea, iertarea de sine, setarea obiectivelor și scopurilor, conectarea cu sinele interior și cultivarea unei atitudini pozitive față de tine însuți, poți să îți creezi o relație mai sănătoasă și mai iubitoare cu tine însuți și să te descoperi și să îți îmbunătățești continuu viața.

Strategii pentru a-ți dezvolta încrederea în propria persoană.

- Sporește încrederea în propriile capacități. De exemplu, dacă ești un bun comunicator, profită de această abilitate în relațiile tale interpersonale sau în mediul profesional.

- Setează-ți obiective realiste și lucrează constant pentru a le atinge. Odată ce îți dai seama că îți poți atinge scopurile stabilite, vei câștiga încredere în tine. De exemplu, dacă îți dorești să îți îmbunătățești abilitățile de conducere, stabilește-ți obiective clare și mici pe care să le atingi treptat.

- Acceptă-ți greșelile și învață din ele. Nu există nimeni perfect, iar este normal să faci greșeli pe parcursul procesului de învățare și dezvoltare a abilităților. Important este să înveți din aceste erori și să te îmbunătățești în continuare.

- Fii conștient de gândurile și emoțiile tale și încurajează-te constant. Evită auto-critica excesivă și încurajează-te să treci peste obstacolele întâlnite în calea ta.

- Încurajează-ți propria autonomie și ia decizii în mod independent. Odată ce începi să înveți să te bazezi pe propriile tale decizii și să fii responsabil pentru ele, vei câștiga încredere în abilitățile tale de a face alegeri corecte.
- Îmbunătățește-ți capacitatea de a gestiona stresul și presiunea. Deși este normal să te confrunți cu situații stresante, învățarea tehnicilor de gestiune a stresului și a presiunii te va ajuta să te simți mai încrezător în propriile tale resurse.
- Ieși din zona ta de confort și îți asumă riscuri calculate. Încercarea unor activități noi și provocatoare te va ajuta să îți dezvolți abilitățile și să îți crești încrederea în propriile capacități.

- Fii deschis la feedback și solicită opinia altora. Învățând să primești feedback constructiv și să îți îmbunătățești abilitățile pe baza acestuia, vei deveni mai conștient de propriile tale puncte forte și slabe și vei avea mai multă încredere în tine.

- Învață să te auto-motivezi și să îți păstrezi optimismul. Gândirea pozitivă și auto-motivarea te vor ajuta să treci peste obstacolele întâlnite în calea ta și să îți păstrezi încrederea în propria persoană.
- Înconjoară-te de persoane care te susțin și te încurajează. Relațiile pozitive și suportul din partea celor din jurul tău te vor ajuta să te simți mai încrezător și să îți crești stima de sine.
- Fii deschis la schimbare și adaptează-te la noile situații. Flexibilitatea și capacitatea de adaptare la schimbările sunt caracteristici importante în dezvoltarea încrederii în sine.
- Fii onest și autentic în comunicarea ta cu ceilalți. Dezvoltarea încrederii în sine poate fi îmbunătățită prin construirea unei relații autentice și sincere cu ceilalți.
- Învață să te apreciezi și să-ți recunoști propriile merite. Fiecare succes și realizare merită să fie sărbătorită și apreciată în mod conștient.
- Creează-ți rutine și obiceiuri sănătoase care să îți sporească încrederea în tine. Exercițiul fizic regulat, alimentația sănătoasă și odihna adecvată sunt factori care contribuie semnificativ la dezvoltarea unei stimei de sine ridicate.

- Consultă un specialist sau implică-te într-un program de dezvoltare personală. Parcurgerea unei terapii sau participarea la programe de dezvoltare personală te pot ajuta să-ți explorezi mai detaliat resursele interioare și să îți crești încrederea în propria persoană.

CAPITOLUL 4

Grijă de sine și bunăstare.
- *Cum să-ți acorzi timp pentru relaxare și odihnă.*
- *Sfaturi pentru a-ți menține o dietă echilibrată și un stil de viață sănătos.*

Grijă de sine și bunăstare sunt aspecte extrem de importante în viața fiecărui individ. Este esențial să avem grijă de noi înșine și să ne menținem sănătatea fizică și mentală pentru a avea o viață echilibrată și împlinită. Îngrijirea de sine nu înseamnă doar aspectul exterior, ci și sănătatea noastră interioară, emoțională și spirituală.

 - Un stil de viață sănătos, care include o alimentație echilibrată, exerciții fizice regulate, odihnă adecvată și gestionarea stresului, este fundamentul unei bune stări de sănătate. Alimentația joacă un rol crucial în menținerea unei sănătăți optime.

 - Consumul de alimente sănătoase și echilibrate, bogate în nutrienți, vitamine și minerale, este esențial pentru bunăstarea noastră. Este important să evităm alimentele procesate, bogate în zahăr, grăsimi trans și conservanți, și să optăm pentru produse naturale și proaspete.

- Exercițiile fizice regulare sunt la fel de importante pentru menținerea sănătății noastre. Activitățile fizice ne ajută să ne menținem greutatea sub control, să ne creștem funcția cardiovasculară, să ne întărim mușchii și să ne eliberăm de stres. Este recomandat să facem cel puțin 30 de minute de activitate fizică zilnic, cum ar fi mersul pe jos, alergatul, înotul sau fitnessul.

 - Odihna și somnul sunt două aspecte esențiale ale grijii de sine și bunăstării. Este important să dormim suficient și să avem o rutină de somn regulată pentru a ne menține sănătatea mentală și fizică. Lipsa somnului poate avea consecințe grave asupra sănătății noastre, cum ar fi scăderea imunității, stresul cronic, creșterea în greutate și afectarea funcțiilor cognitive.

 - Gestionarea stresului este, de asemenea, un aspect crucial al grijii de sine. Stresul cronic poate avea efecte negative asupra sănătății noastre, provocând probleme precum anxietatea, depresia, tulburări digestive și boli de inimă. Este important să găsim modalități eficiente de a gestiona stresul, cum ar fi meditația, yoga, respirația profundă sau terapia cognitiv-comportamentală

Într-o lume agitată și plină de provocări, este esențial să ne facem timp pentru noi înșine și să ne acordăm atenția și iubirea de care avem nevoie. Este important să ne ascultăm nevoile și să ne acordăm permisiunea de a avea grijă de noi înșine. Nu ar trebui să ne simțim vinovați sau egoiști pentru a ne prioritiza sănătatea și bunăstarea noastră.

De asemenea, este important să căutăm ajutor atunci când avem nevoie. Terapia, consilierea sau suportul social pot fi instrumente valoroase în gestionarea dificultăților și problemelor noastre. Este important să nu ezităm să cerem ajutor atunci când simțim că nu putem face față singuri.

Grijă de sine și bunăstare sunt aspecte cruciale ale unei vieți sănătoase și fericite. Este important să avem grijă de noi înșine, să ne iubim și să ne respectăm, pentru a trăi o viață plină de sănătate și împlinire. Nu ar trebui să subestimăm importanța grijii de sine și să facem tot posibilul pentru a ne menține sănătoși și fericiți.

În societatea actuală, în care suntem mereu ocupați cu diverse responsabilități și activități, este esențial să ne acordăm timp pentru relaxare și refacere.

Un program aglomerat și stresul constant pot avea un impact negativ asupra sănătății noastre fizice, mentale și emoționale, motiv pentru care este important să îți faci timp pentru a te relaxa și a-ți reîncărca bateriile. Există numeroase moduri prin care poți să îți acorzi timp pentru relaxare și este important să găsești ceea ce funcționează cel mai bine pentru tine. Fie că este vorba despre petrecerea timpului în natură, practicarea exercițiilor de relaxare sau pur și simplu savurarea unei căni de ceai fierbinte în liniște, este important să îți creezi propriul spațiu de relaxare și să îți acorzi timp pentru a te conecta cu tine însuți și a te destinde. Una dintre modalitățile ce poate ajuta în acordarea timpului pentru relaxare este planificarea. Poți să îți stabilești un program zilnic sau săptămânal în care să incluzi momente dedicate relaxării și refacerii. Poți să îți aloci câteva minute dimineața pentru a face exerciții de respirație sau meditație sau să îți rezervi o seară pe săptămână pentru a merge la o sesiune de yoga sau a petrece timp cu familia sau prietenii. Planificarea și prioritizarea timpului pentru relaxare te poate ajuta să gestionezi mai bine stresul și să îți îmbunătățești starea de bine.

O altă modalitate de a-ți acorda timp pentru relaxare este să identifici activitățile sau hobby-urile care te fac să te simți relaxat și fericit și să le integrezi în rutina ta zilnică. Poate că îți place să citești, să picturați, să gătești sau să te plimbi în parc. Orice activitate care te relaxează și te ajută să te deconectezi de la stresul zilnic poate fi un mod eficient de a-ți acorda timp pentru refacere.

În plus, este important să îți acorzi și timp pentru odihnă și somn de calitate. Lipsa somnului poate avea un impact negativ asupra sănătății tale și poate duce la stres, oboseală și lipsă de concentrare. Asigură-te că îți stabilești un program regulat de somn și că îți creezi un mediu propice pentru odihnă, fără surse de lumină sau zgomot care te pot deranja.

Nu uita să acorzi timp și pentru activitățile fizice, deoarece exercițiile fizice regulate pot contribui la reducerea nivelului de stres și la îmbunătățirea stării tale de sănătate generală. Poți să îți faci timp pentru a merge la sală, a practica yoga sau a face plimbări în natură, în funcție de preferințele tale și de rutina ta zilnică.

NU UITA că relaxarea și refacerea sunt parte integrantă a unui stil de viață sănătos și echilibrat. Acordă-ți timp pentru a te relaxa, a te deconecta și a te îngriji de tine însuți și vei observa că vei avea mai multă energie, concentrare și vitalitate pentru a face față provocărilor cotidiene.

Păstrarea unui echilibru între muncă și relaxare este esențială pentru sănătatea ta mentală și emoțională. Nu te neglija pe tine însuți și fii conștient de importanța de a îți acorda timp pentru relaxare și refacere. Găsește-ți propriul mod de a te relaxa și de a te conecta cu tine însuți și fii deschis să încerci noi activități și tehnici de relaxare pentru a-ți îmbunătăți starea de bine și calitatea vieții.

Odihna este un aspect crucial al sănătății noastre generale și este important să ne acordăm suficient timp pentru a ne recupera și a ne relaxa, indiferent de cât de ocupată este viața noastră. Un somn odihnitor și o relaxare adecvată sunt esențiale pentru a ne menține sănătatea fizică și mentală, dar mulți oameni tind să ignore importanța odihnei, prioritizând în schimb munca sau alte activități.

Cu toate acestea, acordându-ne suficient timp pentru odihnă și relaxare, putem îmbunătăți semnificativ calitatea vieții noastre și ne putem proteja împotriva stresului și epuizării. Așadar, în continuare, vom explora câteva strategii și sugestii utile pentru a ne ajuta să ne acordăm mai mult timp pentru odihnă și relaxare.

- Stabilește priorități clare.

Pentru a putea acorda timp pentru odihnă, este important să îți stabilești priorități clare și să îți organizezi eficient timpul. Fă o listă cu activitățile pe care trebuie să le faci și alocă-le un timp rezonabil în funcție de importanța lor. Nu te supraîncărca cu prea multe sarcini și încearcă să fii realist în ceea ce privește așteptările tale. Este important să îți acorzi suficient timp pentru a te relaxa și a te odihni, așa că asigură-te că îți faci timp pentru aceste activități.

- Stabilește un program de somn regulat

Un program de somn regulat este esențial pentru o odihnă adecvată și pentru a-ți menține nivelul de energie pe tot parcursul zilei. Încearcă să adormi și să te trezești în fiecare zi în același interval de timp, chiar și în weekenduri.

În plus, asigură-te că dormi suficient timp pentru a-ți permite corpului să se recupereze complet. Majoritatea adulților au nevoie de aproximativ 7-9 ore de somn pe noapte pentru a fi odihniți și energici.

- Redu stresul și găsește modalități de relaxare

Stresul cronic poate afecta negativ calitatea somnului și poate contribui la epuizare și oboseală. Încearcă să găsești modalități de a reduce stresul din viața ta, cum ar fi practicarea meditației, yoga sau respirația profundă. De asemenea, încearcă să îți faci timp pentru activități care te relaxează și te fac să te simți bine, cum ar fi cititul unei cărți bune, ascultatul muzicii sau petrecerea timpului în natură.

- Fii activ fizic.

Exercițiile fizice regulate pot îmbunătăți calitatea somnului și te pot ajuta să te simți mai odihnit și mai energic pe parcursul zilei. Încearcă să îți faci timp pentru activități fizice plăcute și benefice, cum ar fi mersul pe jos, alergatul sau yoga. Exercițiile fizice eliberează endorfinele, substanțe chimice care îmbunătățesc starea de spirit și ajută la combaterea stresului și anxietății.

- Limita timpul petrecut în fața ecranelor.

Lumina albastră emisă de ecranele dispozitivelor electronice poate afecta calitatea somnului și poate perturba ciclul natural de veghe-somn. Încearcă să limitezi timpul petrecut în fața ecranelor înainte de culcare și să îți creezi un ritual de seară care să te pregătească pentru somn, cum ar fi cititul sau ascultarea de muzică relaxantă.

- Fă-ți timp pentru hobby-uri și activități plăcute.

Activitățile plăcute și hobby-urile pot fi o modalitate excelentă de a te relaxa și de a te detașa de stresul zilnic. Alocă-ți timp pentru pasiunile tale și pentru activitățile care te fac fericit și te ajută să te simți bine. Indiferent dacă este vorba de pictură, gătit sau grădinărit, găsește timp pentru a te dedica acestor activități care îți aduc bucurie și împlinire.

- Învață să spui NU.

Uneoori, este important să înveți să spui nu și să îți stabilești limite clare în ceea ce privește solicitările și cererile altor persoane. Nu te suprasolicita cu prea multe sarcini și nu te simți obligat să faci totul pentru toată lumea. Îți meriți timpul și energia ta și este important să îți acorzi suficient timp pentru tine însuți.

- Stabilește limite clare între muncă și viața personală.

Este important să îți stabilești limite clare între viața ta profesională și cea personală și să îți acorzi timp pentru a te reconecta cu tine însuți și cu cei dragi. Încearcă să eviți să răspunzi la mesaje de lucru sau la e-mailuri în afara orelor de program și să îți iei timp pentru a te relaxa și a te bucura de timpul petrecut cu familia și prietenii.

Odihna și relaxarea sunt aspecte esențiale ale sănătății noastre și este important să ne acordăm suficient timp pentru a ne recupera și a ne reîncărca bateriile. Prin stabilirea unor priorități clare, crearea unui program de somn regulat, reducerea stresului și găsirea modalităților de relaxare care funcționează pentru tine, poți îmbunătăți semnificativ calitatea vieții tale și te poți proteja împotriva epuizării și burnout-ului. Așadar, fă-ți timp pentru odihnă și relaxare și investește în sănătatea ta și bunăsta

 Sfaturi pentru a-ți menține o dietă echilibrată și un stil de viață sănătos.

- Planificarea meselor.

Este important să îți faci un plan săptămânal al meselor pentru a te asigura că consumi alimente echilibrate și sănătoase. Acest lucru te va ajuta să eviți alimentele nesănătoase și să îți menții o dietă echilibrată.

- Consumul de alimente bogate în nutrienți.

Este recomandat să incluzi în dieta ta alimente bogate în nutrienți, precum fructe, legume, nuci, semințe, proteine slabe și grăsimi sănătoase. Aceste alimente îți vor oferi energia necesară pentru a te menține activ și sănătos.

- Limitarea consumului de zahăr și alimente procesate.

Este important să limitezi consumul de zahăr și alimente procesate, deoarece acestea pot contribui la creșterea în greutate și la apariția unor afecțiuni de sănătate. Înlocuiește alimentele nesănătoase cu opțiuni mai sănătoase, precum fructe proaspete sau legume.

- Hidratarea corespunzătoare.

Asigură-te că bei suficientă apă pe parcursul zilei pentru a-ți menține organismul hidratat și sănătos. Apa este esențială pentru buna funcționare a organismului și te ajută să te simți mai plin de energie.

- Renunțarea la fumat și consumul moderat de alcool.

Fumatul și consumul excesiv de alcool pot avea un impact negativ asupra sănătății tale. Încearcă să renunți la fumat și să consumi alcool în mod moderat pentru a-ți menține un stil de viață sănătos.

- Exerciții fizice regulate.

Este recomandat să faci exerciții fizice în mod regulat pentru a-ți menține sănătatea și pentru a-ți îmbunătăți starea de spirit. Poți opta pentru diverse activități fizice, precum mersul pe jos, alergatul, yoga sau antrenamentul la sală.

- Odihna adecvată.

Asigură-te că dormi suficient și ai parte de odihnă adecvată pentru a-ți menține sănătatea mentală și fizică. Lipsa somnului poate avea un impact negativ asupra sănătății tale, așa că acordă importanță odihnei.

- Menținerea echilibrului emoțional.
 Este important să îți menții echilibrul emoțional pentru a evita stresul și alte afecțiuni de sănătate. Poți practica tehnici de relaxare sau meditație pentru a-ți îmbunătăți starea de spirit și sănătatea mental.

- Renunțarea la fumat și consumul moderat de alcool.

Fumatul și consumul excesiv de alcool pot avea un impact negativ asupra sănătății tale. Încearcă să renunți la fumat și să consumi alcool în mod moderat pentru a-ți menține un stil de viață sănătos.

- Exerciții fizice regulate.

Este recomandat să faci exerciții fizice în mod regulat pentru a-ți menține sănătatea și pentru a-ți îmbunătăți starea de spirit. Poți opta pentru diverse activități fizice, precum mersul pe jos, alergatul, yoga sau antrenamentul la sală.

- Odihna adecvată.

Asigură-te că dormi suficient și ai parte de odihnă adecvată pentru a-ți menține sănătatea mentală și fizică. Lipsa somnului poate avea un impact negativ asupra sănătății tale, așa că acordă importanță odihnei.

- Menținerea echilibrului emoțional.

Este important să îți menții echilibrul emoțional pentru a evita stresul și alte afecțiuni de sănătate. Poți practica tehnici de relaxare sau meditație pentru a-ți îmbunătăți starea de spirit și sănătatea mental

- Consultarea unui specialist în nutriție.

Acesta îți poate oferi sfaturi personalizate și te poate ghida în alegerea alimentelor potrivite pentru nevoile tale.

- Reducerea consumului de sare și grăsimi saturate.

Este recomandat să reduci consumul de sare și grăsimi saturate pentru a-ți menține inima sănătoasă și a preveni afecțiuni cardiovasculare. Înlocuiește sare cu condimente sau ierburi aromate și alege surse sănătoase de grăsimi, precum pește, avocado sau nuci.

- Mâncarea lent și savurarea fiecărui aliment.

Este important să mănânci încet și să savurezi fiecare aliment pentru a-ți oferi suficient timp să te saturi și să îți bucuri de gusturile delicioase ale hranei. Acest lucru te poate ajuta să mănânci mai puțin și să te simți mai satisfăcut.

- Păstrarea proporțiilor adecvate la masă.

Este recomandat să păstrezi proporțiile adecvate la masă pentru a evita supraalimentarea și pentru a-ți menține un stil de viață sănătos. Încearcă să îți împarți farfuria în porțiuni echilibrate de alimente, astfel încât să îți asiguri un aport nutrițional corespunzător.

- Evitarea mâncatului în fața televizorului sau a calculatorului.

Este recomandat să eviți mâncatul în fața televizorului sau a calculatorului, deoarece poți fi distras și să mănânci mai mult decât trebuie. Încearcă să îți faci timp să mănânci în liniște, fără alte distragere, pentru a fi atent la senzațiile corpului tău de satietate.

- Experimentarea unor noi rețete sănătoase.

Menținerea unei diete echilibrate poate fi mai ușor dacă încerci noi rețete sănătoase și delicioase. Poți încerca să gătești preparate noi din ingrediente sănătoase și să descoperi noi gusturi și combinații.

- Setarea obiectivelor realiste și a unor recompense sănătoase.

Este important să îți setezi obiective realiste în ceea ce privește dieta și stilul de viață sănătos, pentru a evita frustrarea și dezamăgirea.

"Grijă de sine nu înseamnă
egoism. Este o necesitate,
nu un lux.
Dacă nu ai grijă de tine,
nu vei putea avea grijă de
ceilalți."
Buddha

CAPITOLUL 5

Conexiunea cu ceilalți.

- *Rolul relațiilor interpersonale în creșterea stimei de sine.*
- *Cum să ai o comunicare eficientă și să-ți exprimi emoțiile.*
- *Sfaturi pentru a construi relații sănătoase și autentice.*

Conexiunea cu ceilalți este un aspect fundamental al vieții noastre cotidiene, deoarece suntem ființe sociale care au nevoie de interacțiune și relații pentru a ne simți împliniți și fericiți. De-a lungul istoriei, oamenii au căutat să formeze legături cu semenii lor, să împărtășească experiențe și să se sprijine reciproc în fața greutăților și provocărilor vieții. Conexiunea cu ceilalți poate fi realizată într-o varietate de moduri, de la relații interpersonale strânse cu parteneri sau prieteni la interacțiuni mai superficiale cu colegi sau vecini.

Există numeroase beneficii ale unei conexiuni puternice cu ceilalți, atât din punct de vedere emoțional, cât și din perspectivă mentală și fizică. Studiile arată că oamenii care au relații sociale sănătoase sunt mai fericiți, mai sănătoși și mai rezistenți la stres și boli.

Conexiunea cu ceilalți ne oferă un suport emoțional în momentele dificile, ne ajută să ne dezvoltăm abilitățile de comunicare și empatie și ne oferă o sursă de bucurie și satisfacție în viață. Lipsa de conexiune socială poate duce la izolare, depresie și anxietate, afectând negativ atât sănătatea noastră mentală, cât și fizică.Comunicarea este unul dintre elementele cheie ale conexiunii cu ceilalți. Prin intermediul comunicării, ne exprimăm gândurile, sentimentele și emoțiile noastre, ne ascultăm și înțelegem reciproc și stabilim legături puternice și sănătoase. Comunicarea eficientă implică atât abilități verbale, cât și non-verbale, precum și capacitatea de a empatiza, a rezolva conflicte și a negocia în relații. O comunicare deschisă, sinceră și respectuoasă este esențială pentru menținerea unei conexiuni sănătoase cu ceilalți și pentru construirea relațiilor de lungă durată și satisfăcătoare.

În era digitală în care trăim, conexiunea cu ceilalți poate fi facilitată și prin intermediul tehnologiei. Rețelele sociale, platformele de mesagerie și aplicațiile de videoconferință ne oferă posibilitatea de a menține legătura cu prietenii, familia și colegii noștri, chiar și atunci când suntem separați geografic.

Cu toate acestea, este important să avem grijă să nu substituim conexiunea autentică din viața offline cu interacțiunile virtuale, care pot să nu ofere aceeași calitate a relațiilor interpersonale.

Pentru a dezvolta și menține conexiuni sănătoase cu ceilalți, este important să fim conștienți de propriile noastre nevoi, emoții și limite, să ne exprimăm sincer și să ascultăm activ pe cei din jurul nostru. Este esențial să ne implicăm în activități și interacțiuni care ne aduc bucurie și satisfacție, să ne împărtășim suferințele și bucuriile noastre cu cei apropiați și să oferim sprijin și înțelegere celor din jur. Conexiunea cu ceilalți nu înseamnă doar să fim prezenti fizic, ci și să fim cu adevărat prezenți mental și emoțional în relațiile noastre.

Pentru mulți oameni, construirea conexiunilor cu ceilalți poate fi un proces dificil și provocator. Timiditatea, frica de respingere și lipsa de încredere în sine pot fi obstacole în calea stabilirii unor relații sănătoase și profunde.Este important să ne amintim că toți avem nevoia de conexiune și că există modalități de a depăși aceste obstacole, cum ar fi căutarea de grupuri de sprijin, participarea la activități comunitare sau terapia.

Conexiunea cu ceilalți este esențială pentru starea noastră de bine și pentru sănătatea noastră emoțională, mentală și fizică. Prin comunicare și implicare activă în relațiile noastre, putem construi legături puternice, sănătoase și satisfăcătoare cu ceilalți, care ne oferă sprijin, bucurie și împlinire în viață. Este important să ne dedicăm timp și energie pentru a investi în relațiile noastre și pentru a valoriza conexiunea cu cei din jurul nostru, care ne face mai fericiți, mai sănătoși și mai împliniți ca ființe sociale.

Relațiile interpersonale și stima de sine sunt două aspecte interconectate ale vieții noastre care au un impact semnificativ asupra dezvoltării personale și a bunăstării noastre emoționale și psihologice. Relațiile interpersonale reprezintă conexiunile pe care le avem cu ceilalți oameni din jurul nostru, în timp ce stima de sine se referă la modul în care ne percepem și ne evaluăm pe noi înșine. Aceste două aspecte se influențează reciproc, iar modul în care ne raportăm la ceilalți poate avea un impact puternic asupra modului în care ne percepem pe noi înșine.Relațiile interpersonale sănătoase și pozitive joacă un rol crucial în dezvoltarea și menținerea unei stime de sine echilibrate și sănătoase.

A fi înconjurat de persoane care ne iubesc, ne susțin și ne acceptă ne oferă o bază solidă de sprijin emoțional, care ne poate ajuta să ne simțim încrezători și valoroși. Atunci când suntem încurajați și sprijiniți de cei din jurul nostru, avem mai multă încredere în noi înșine și în abilitățile noastre. Acest sprijin social poate fi crucial în momentele de dificultate sau incertitudine, ajutându-ne să depășim obstacolele și să creștem încrederea în propriile noastre abilități.

De asemenea, relațiile interpersonale oferă oportunități pentru dezvoltarea abilităților sociale, a empatiei și a competențelor de comunicare. Interacțiunea cu ceilalți ne ajută să ne învățăm să ne exprimăm sentimentele și gândurile mai eficient, să înțelegem și să gestionăm emoțiile noastre și să ne adaptăm la diferite situații sociale. Aceste abilități sociale joacă un rol esențial în consolidarea relațiilor interpersonale și în construirea unei rețele de sprijin din care putem beneficia în diverse situații.

De asemenea, relațiile interpersonale pot oferi feedback constructiv și reflectiv cu privire la noi înșine, ajutându-ne să ne înțelegem mai bine și să ne dezvoltăm în mod continuu.

Prin interacțiunea cu ceilalți, putem obține perspective diferite asupra noastră și asupra a ceea ce suntem capabili să realizăm. Feedback-ul și aprecierile primite de la cei din jurul nostru pot contribui la consolidarea stimei de sine și la creșterea încrederii în propriile noastre resurse și potențial. Relațiile interpersonale toxice sau disfuncționale pot avea un impact negativ semnificativ asupra stimei de sine și a bunăstării noastre emoționale. Persoanele care ne critica excesiv, ne judecă sau ne discredită pot eroda treptat încrederea în noi înșine și în propria noastră valoare. Relațiile caracterizate de abuz emoțional sau verbal pot cauza traume emoționale și pot afecta negativ stima de sine și bunăstarea noastră mentală.

Astfel, pentru a menține o stima de sine echilibrată și sănătoasă, este important să identificăm și să păstrăm relațiile interpersonale sănătoase și pozitive, care ne sprijină și ne îmbogățesc viața. Este important să fim conștienți de modul în care ne raportăm la ceilalți și să încercăm să ne exprimăm și să ne comunicăm nevoile și limitele în mod deschis pentru a ne proteja stima de sine.

Relațiile interpersonale au un rol esențial în creșterea stimei de sine și în menținerea unei bunăstări emoționale și psihologice. O rețea de sprijin social sănătoasă și pozitivă poate oferi sprijin emoțional, feedback constructiv și oportunități pentru dezvoltarea abilităților sociale și emoționale. În același timp, este important să fim conștienți de tipurile de relații pe care le avem și să ne protejăm stima de sine și bunăstarea emoțională evitând relațiile toxice sau disfuncționale care pot afecta negativ stima de sine și sănătatea noastră mentală. Prin gestionarea adecvată a relațiilor interpersonale și prin cultivarea unui mediu social sănătos și pozitiv, putem contribui la creșterea și menținerea unei stime de sine echilibrate și bine dezvoltate. Comunicarea eficientă este un aspect crucial în relațiile interpersonale, atât în viața profesională, cât și în cea personală. Ea reprezintă capacitatea de a transmite mesaje clar, concis și fără ambiguități, într-un mod care să fie înțeles și receptat de către interlocutor. O comunicare eficientă implică atât abilități de vorbire, cât și de ascultare activă, punând un accent deosebit pe transmiterea corectă a informațiilor și pe înțelegerea corectă a mesajelor primite.

Vom explora câteva aspecte importante ale comunicării eficiente și vom oferi sfaturi practice pentru a îmbunătăți această abilitate crucială în relațiile interpersonale.

Unul dintre cele mai importante aspecte ale unei comunicări eficiente este capacitatea de a transmite mesajele într-un mod clar și concis. Este esențial să folosim un limbaj simplu și direct, evitând ambiguitățile și confuziile. În acest sens, este important să ne asigurăm că mesajul este bine structurat și că putem să-l transmitem într-un mod coerent și clar. Folosirea unor exemple și analogii simple poate ajuta la clarificarea ideilor și la îmbunătățirea înțelegerii mesajului transmis.

 - Ascultarea activă este un alt element esențial al comunicării eficiente. Este important să ne concentrăm asupra mesajului celuilalt, în loc să ne gândim la răspunsul nostru sau la propriile noastre preocupări. În acest sens, unele tehnici de ascultare activă, cum ar fi reiterarea în propria noastră interpretare a mesajului sau adresarea de întrebări deschise, pot fi de mare ajutor în îmbunătățirea calității comunicării.

Pentru a asigura o comunicare eficientă, este important să fim conștienți de limbajul non-verbal și de tonalitatea vocii noastre. Gesturile noastre, contactul vizual și expresiile faciale pot transmite multe informații, chiar mai mult decât cuvintele în sine. De asemenea, tonalitatea vocii noastre și modul în care ne exprimăm emoțiile pot influența modul în care mesajul nostru este receptat. Este important să fim conștienți de aceste aspecte și să le folosim în mod conștient pentru a-și consolida mesajul nostru și pentru a îmbunătăți receptivitatea interlocutorului.

O altă componentă cheie a unei comunicări eficiente este empatia și capacitatea de a vedea lucrurile din perspectiva celuilalt. Înțelegerea și acceptarea diferențelor de opinie sau de perspectivă sunt esențiale pentru a construi relații sănătoase și pentru a evita conflictele sau neînțelegerile. În acest sens, atitudinea deschisă, lipsită de judecăți și prejudecăți, poate fi esențială în facilitarea dialogului și în promovarea unei comunicări eficiente.

Un alt aspect important al comunicării eficiente este capacitatea de a fi clar și concis, evitând inutilitățile și perierile.

În acest sens, este important să ne concentrăm pe esențial și să ne asigurăm că mesajul nostru este transmis într-un mod eficient și înțeles de către interlocutor. Evitarea unor prelungiri inutile și a informațiilor redundante poate îmbunătăți calitatea comunicării și poate facilita receptivitatea interlocutorului.

În concluzie, comunicarea eficientă este un aspect esențial al relațiilor interpersonale, atât în viața personală, cât și în cea profesională. O comunicare eficientă implică abilități de vorbire și de ascultare activă, precum și atenție la limbajul non-verbal și la tonalitatea vocii noastre. Empatia și capacitatea de a vedea lucrurile din perspectiva celuilalt sunt esențiale pentru a construi relații sănătoase și pentru a evita conflictele și neînțelegerile. Prin aplicarea unor tehnici și strategii practice, putem îmbunătăți abilitățile noastre de comunicare și promova o mai bună înțelegere și colaborare în relațiile noastre interpersonale.

Exprimarea emoțiilor este un aspect fundamental al vieții noastre umane. Emoțiile sunt reacții complexe și subiective la stimuli interni sau externi și fac parte integrantă din experiența noastră emoțională.

Fie că suntem fericiți, triști, furioși sau îngrijorați, modul în care ne exprimăm emoțiile poate avea un impact semnificativ asupra relațiilor noastre cu ceilalți și a stării noastre de bine.

Există numeroase modalități prin care putem exprima emoțiile noastre. Unele persoane preferă să le exprime prin cuvinte, comunicând deschis și sincer despre ceea ce simt. Altele aleg să își exprime emoțiile prin gesturi sau comportamente non-verbale, cum ar fi îmbrățișările, zâmbetele sau lacrimile. Fiecare persoană are propriul său mod unic de a-și exprima emoțiile și este important să îți găsești modalitatea care funcționează cel mai bine pentru tine.

O modalitate eficientă de a-ți exprima emoțiile este prin comunicarea deschisă și sinceră. Atunci când îți exprimi emoțiile în cuvinte, le poți clarifica și înțelege mai bine, atât pentru tine cât și pentru cei din jurul tău. Este important să îți exprimi emoțiile în mod constructiv și să încerci să comunici calm și clar ceea ce simți. De asemenea, ascultarea cu atenție a celorlalți și acceptarea emoțiilor lor poate contribui la dezvoltarea unei comunicări sănătoase și armonioase.

Pe lângă comunicarea verbală, există și alte modalități de a-ți exprima emoțiile. Uneori, gesturile fizice, cum ar fi îmbrățișările sau atingerile, pot transmite mai bine emoțiile decât cuvintele. De asemenea, exprimarea emoțiilor prin artă, cum ar fi pictura, dansul sau muzica, poate fi o modalitate puternică de a elibera emoțiile negative și de a te conecta cu sentimentele tale interioare.Exprimarea emoțiilor poate fi un proces dificil și uneori este posibil să te simți frustrat sau confuz în ceea ce privește modul în care îți exprimi emoțiile. În aceste momente, este important să îți acorzi timp și răbdare pentru a-ți înțelege și accepta emoțiile, iar dacă simți că nu poți face față singur, este recomandabil să ceri ajutorul unui specialist, cum ar fi un psiholog sau un terapeut.

Exprimarea emoțiilor este un aspect esențial al vieții noastre emoționale și poate avea un impact semnificativ asupra sănătății noastre mentale și a relațiilor noastre cu ceilalți. Găsirea modalității potrivite de a-ți exprima emoțiile este un proces personal și unic, iar învățarea să comunici deschis și sincer despre ceea ce simți poate contribui la o viață emoțională mai echilibrată și mai împlinită.

Comunicarea eficientă și exprimarea emoțiilor sunt două aspecte fundamentale ale relațiilor interpersonale sănătoase și echilibrate. O comunicare eficientă presupune capacitatea de a transmite informații și de a înțelege și interpreta mesajele celorlalți în mod corespunzător, pentru a evita orice neînțelegeri sau conflicte. Pe de altă parte, exprimarea emoțiilor este esențială pentru gestionarea stresului și a tensiunilor emoționale și pentru stabilirea unei conexiuni autentice în relațiile interpersonale.

În acest context, este important să dezvoltăm abilități de comunicare eficientă și să învățăm să exprimăm în mod adecvat și constructiv emoțiile noastre. În cele ce urmează, vom explora diferite strategii și tehnici care ne pot ajuta să atingem aceste obiective și să avem relații sănătoase și echilibrate.

- Păstrarea contactului vizual.

Acest lucru demonstrează că suntem conectați emoțional cu interlocutorul și că îi acordăm atenția cuvenită.

- Ascultare activă.

Ascultarea activă este un element esențial al comunicării eficiente. Este important să fim atenți la interlocutor și să demonstrăm că îl înțelegem și că ne pasă de ceea ce spune. Pentru a practica ascultarea activă, putem folosi următoarele tehnici:

- Repetarea mesajului.

Putem reformula ceea ce a spus interlocutorul pentru a confirma că am înțeles corect.

- Clarificarea.

 În cazul în care nu suntem siguri de ce a vrut să transmită interlocutorul, putem solicita clarificări suplimentare pentru a evita neînțelegerile.

- Empatie.

Empatia este capacitatea de a ne pune în locul celorlalți și de a înțelege și simți emoțiile lor. Prin practicarea empatiei putem dezvolta relații mai profunde și mai autentice și putem evita conflictele și neînțelegerile. Pentru a practica empatia, este important să fim deschiși și receptivi la emoțiile celorlalți și să le arătăm că le înțelegem și că ne pasă de ele.

- Limbajul non-verbal: Limbajul non-verbal joacă un rol important în comunicare. Gesturile, expresiile faciale, tonul vocii și postura pot transmite mesaje puternice și pot influența modul în care este perceput mesajul nostru. Este important să fim atenți la limbajul non-verbal și să ne asigurăm că acesta este congruent cu mesajul nostru verbal.

- Evitarea judecăților și a criticilor.

În timpul comunicării, este important să evităm judecățile și criticile, deoarece acestea pot afecta relația și pot crea tensiuni și conflicte. În schimb, putem folosi feedback-ul constructiv pentru a îmbunătăți comunicarea și pentru a rezolva eventualele neînțelegeri sau conflicte.

Exprimarea emoțiilor.

Exprimarea emoțiilor este o componentă esențială a sănătății emoționale și a relațiilor interpersonale. Este important să fim conștienți de propriile noastre emoții și să le exprimăm în mod adecvat și constructiv. Pentru a exprima emoțiile într-un mod sănătos și eficient, putem aplica următoarele strategii:

- Identificarea și conștientizarea emoțiilor.
Pentru a putea exprima emoțiile în mod adecvat, este important să le identificăm și să le conștientizăm. Putem folosi tehnici precum meditația, jurnalul emoțional sau discuțiile cu un terapeut pentru a ne ajuta să ne conectăm cu emoțiile noastre și să le înțelegem mai bine.

- Gestionarea emoțiilor negative.
Este normal să experimentăm emoții negative precum furia, tristețea sau frica. Este important să învățăm să gestionăm aceste emoții într-un mod sănătos și constructiv, pentru a evita suprimarea lor sau exprimarea lor în mod agresiv. Putem folosi tehnici precum respirația conștientă, meditația sau exercițiile fizice pentru a ne elibera de emoțiile negative.

- Comunicarea non-violentă.
 Comunicarea non-violentă este o abordare eficientă pentru exprimarea emoțiilor în mod constructiv și respectuos. Această abordare presupune să ne exprimăm nevoile și emoțiile într-un mod clar și deschis, fără a judeca sau critica interlocutorul.

- Întărirea relațiilor prin exprimarea emoțiilor.

Exprimarea emoțiilor în relațiile interpersonale poate contribui la întărirea conexiunii și la apropierea între parteneri. Este important să ne arătăm vulnerabilitatea și să ne deschidem emoțional în fața celorlalți pentru a stabili o conexiune autentică și profundă.

Comunicarea eficientă și exprimarea emoțiilor sunt două aspecte esențiale ale relațiilor interpersonale sănătoase și echilibrate. Prin dezvoltarea abilităților de comunicare și practicarea exprimării emoțiilor în mod sănătos și constructiv, putem îmbunătăți calitatea relațiilor noastre și ne putem bucura de conexiuni autentice și profunde.

Sfaturi pentru a construi relații sănătoase și autentice.

- Comunicarea deschisă și sinceră este cheia oricărei relații sănătoase. Fii onest și deschis cu partenerul tău, exprimă-ți gândurile, sentimentele și nevoile cu sinceritate.

De exemplu, încercă să nu te temi să împărtășești cu partenerul tău gândurile sau sentimentele tale într-o manieră calmă și respectuoasă. Comunicarea eficientă este esențială pentru a construi o relație solidă și autentică.

- Învață să asculți cu atenție și să fii empatic. Ascultarea activă înseamnă să fii prezent cu adevărat în discuție și să încerci să înțelegi punctul de vedere al celuilalt.

De exemplu, atunci când partenerul tău îți împărtășește o experiență sau o problemă, asigură-te că îi acorzi atenție și încerci să empatizezi cu sentimentele și percepțiile sale.

- Respectul reciproc este crucial într-o relație sănătoasă. Fii atent la nevoile, dorințele și limitele partenerului tău și fă tot posibilul să le respecți.

De exemplu, ar trebui să respecți faptul că partenerul tău are anumite nevoi și dorințe individuale și să nu le ignori sau să le minimalizezi.

- Înțelege și acceptă diferențele dintre tine și partenerul tău. Nu este nevoie să fii identic cu partenerul tău, ci important este să învățați să vă acceptați și să vă tolerați diferențele.

De exemplu, dacă tu ești o persoană extravertită care iubește socializarea, în timp ce partenerul tău este mai rezervat și preferă activități mai liniștite, este important să găsiți un echilibru și să vă acceptați unul pe celălalt așa cum sunteți.

- Petreceți timp de calitate împreună. Programați momente speciale sau activități pe care le puteți face împreună și care vă aduc bucurie și împlinire.

De exemplu, puteți organiza seri de film, ieșiri la restaurant sau plimbări romantice în parc pentru a vă conecta și crea amintiri de neuitat împreună.

- Fiți deschiși la compromisuri și soluționarea conflictelor în mod constructiv. Nu este de mirare că fiecare relație întâmpină conflicte și dificultăți, însă important este să le abordați cu maturitate și să căutați împreună soluții eficiente.

De exemplu, în loc să intri într-o dispută inutilă, încercați să ascultați punctele de vedere ale celuilalt și să găsiți un compromis care să satisfacă ambele părți.

- Manifestă recunoștință și apreciere față de partenerul tău. Arată-i partenerului tău cât de mult îl apreciezi și cât de important este pentru tine.

De exemplu, poți spune "Mulțumesc" sau "Te iubesc" în mod regulat, sau poți face gesturi mici, precum gătirea mâncărurilor preferate ale partenerului tău sau organizarea unei surprize speciale pentru el.

- Construiți încrederea în relația voastră. Fiți sinceri și loiali unul față de celălalt și construiți încrederea reciprocă treptat, oferind sprijin și susținere în momentele dificile.

"Nu există niciun om care să
fie o insulă completă;
fiecare este o parte a
continentului, un fragment
al întregului."
- John Donne

CAPITOLUL 6

Recunoașterea și aprecierea realizărilor personale.
- *Cum să-ți setezi obiective realiste și să-ți îndeplinești visele.*
- *Metode pentru a-ți recunoaște și aprecia succesele personale.*
- *Cum să-ți motivezi și să-ți aplauzi propria persoană pentru realizările tale.*

Recunoașterea și aprecierea realizărilor personale sunt aspecte extrem de importante în viața fiecăruia dintre noi. Este esențial să ne dăm seama de ceea ce am realizat și să ne bucurăm de succesul nostru, indiferent cât de mic sau mare ar fi el. Aceste aspecte nu numai că ne pot oferi o senzație de satisfacție și împlinire, dar pot avea și un impact pozitiv asupra stimei de sine, încredere și motivație. Recunoașterea realizărilor personale poate veni dintr-o varietate de surse, cum ar fi aprecierea de la colegi sau șefi, recompense sau recunoașteri formale, sentimentul de satisfacție internă și mulțumirea de sine. Indiferent de sursa lor, este important să recunoaștem și să apreciem aceste realizări pentru că ele sunt o parte integrantă a identității noastre și a ceea ce ne definim ca indivizi.

Există numeroase beneficii ale recunoașterii și aprecierii realizărilor personale. În primul rând, ne poate consolida stima de sine și încrederea în propriile abilități. Atunci când ne dăm seama de ceea ce am reușit să realizăm, ne putem întări convingerea că suntem capabili să depășim obstacolele și să obținem succesul în viitor. De asemenea, recunoașterea realizărilor personale poate contribui la creșterea motivației și a dorinței de a continua să ne dezvoltăm și să ne îmbunătățim.

Pe lângă beneficiile pentru sine, recunoașterea și aprecierea realizărilor personale pot avea un impact pozitiv și asupra relațiilor cu ceilalți. Atunci când împărtășim cu alții succesele noastre și ne bucurăm împreună de ele, putem consolida legăturile și relațiile noastre interpersonale. De asemenea, recunoașterea realizărilor personale poate oferi inspirație și motivare altora să-și îndeplinească propriile obiective și să-și atingă propriile vise.

Există mai multe modalități în care putem să recunoaștem și să apreciem realizările personale.

Una dintre ele este să ținem evidență a succeselor noastre, fie prin intermediul unui jurnal de realizări, un portofoliu de proiecte finalizate sau o simplă listă de lucruri pe care le-am realizat. Acest lucru ne poate ajuta să avem o perspectivă clară asupra succeselor noastre și să ne amintim de ele atunci când avem nevoie de o doză de motivare sau încurajare.

De asemenea, putem să ne felicităm și să ne recompensăm atunci când realizăm ceva important sau când obținem un succes semnificativ. Aceasta poate fi o modalitate eficientă de a ne consolida sentimentul de mulțumire și de a ne motiva să continuăm să ne depășim limitele și să ne îndeplinim obiectivele.

De asemenea, este important să împărtășim succesul nostru cu cei dragi și să ne bucurăm împreună de realizările noastre. Astfel, putem consolida relațiile noastre și să ne simțim susținuți și apreciați de cei din jur. Recunoașterea și aprecierea realizărilor personale sunt aspecte esențiale ale dezvoltării personale și a stării noastre de bine. Este important să ne dăm seama de ceea ce am reușit să realizăm și să ne bucurăm de succesul nostru, indiferent cât de mic sau mare ar fi el.

Prin recunoașterea și aprecierea realizărilor personale, ne putem întări stima de sine, încrederea în propriile abilități și motivația de a continua să ne dezvoltăm și să ne îmbunătățim.

Aceste aspecte sunt fundamentale pentru o viață împlinită și fericită și ar trebui să fie încurajate și cultivate în rândul tuturor indivizilor. Recunoașterea și aprecierea realizărilor personale ne pot ajuta să ne atingem potențialul maxim și să ne bucurăm de succesul nostru în viață.

Într-o lume agitată și plină de provocări, este important să știi cum să-ți motivezi și să-ți aplauzi propria persoană pentru realizările tale. Acest lucru poate fi un aspect crucial în dezvoltarea și menținerea unei stimei de sine sănătoase și positive. Motivarea și aprecierea de sine sunt două elemente cheie în atingerea succesului personal și profesional.

Un prim pas în motivarea și aprecierea propriei persoane este autocunoașterea. Trebuie să fii conștient de propriile tale calități, abilități, valori și realizări. Fă o listă cu toate lucrurile bune despre tine și cu toate micii sau marii succese pe care le-ai avut în viață. Apreciază-te pentru aceste lucruri și încurajează-te să continui să dai tot ce ai mai bun.

Este important să îți fixezi obiective realiste și realizabile. Atunci când îți propui un obiectiv, fii sigur că este unul pe care poți să îl atingi cu efort și determinare. Împarte obiectivul mare în mai multe subobiective mai mici și stabilește-ți un plan pas cu pas pentru a ajunge acolo. Atingerea acestor obiective mici îți va oferi satisfacție și îți va oferi o motivație suplimentară.

Un alt aspect important în motivarea și aprecierea de sine este exprimarea recunoștinței față de sine. Felicită-te pentru fiecare mic succes și fă-ți timp să te gândești la toate lucrurile bune pe care le-ai făcut. Recunoașterea propriei valori și contribuții este crucială în construirea unei stime de sine puternice.

De asemenea, este esențial să îți acorzi timp pentru a-ți răsplăti succesul. Când ai reușit să îți atingi un obiectiv sau să faci ceva deosebit, nu uita să te răsplătești cu ceva ce îți aduce bucurie. Poate fi o plimbare în parc, o masă la un restaurant preferat sau chiar o zi de relaxare acasă. Răsplătirea succeselor tale este o modalitate eficientă de a-ți motiva și încuraja continuarea pe drumul succesului. De asemenea, este important să îți acorzi timpul să te relaxezi și să te reîncarci.

Oamenii care se tratează cu dragoste și respect pe ei înșiși sunt mai puțin stresați și mai fericiți. Găsește modalități să îți faci plăcere, să te îngrijești și să te odihnești. Odată ce ești odihnit și relaxat, vei fi mai pregătit să îți atingi obiectivele și să te bucuri de succesul tău.

Un alt aspect important în motivarea și aprecierea de sine este comunicarea pozitivă cu tine însuți. În loc să te critici și să îți pui în dubiu abilitățile, încearcă să îți vorbești frumos și cu încurajare. Gândește-te la tine ca la un aliat și sprijinitor în drumul către succes. În loc să îți spui că nu poți face ceva, încurajează-te să încerci și să îți depășești limitele.

Un aspect important în motivarea și aprecierea de sine este să îți menții o atitudine pozitivă. Viața este plină de provocări și obstacole, însă este important să îți păstrezi un mindset pozitiv și să crezi în tine însuți. Când te confrunți cu dificultăți sau eșecuri, în loc să te descurajezi, găsește în tine puterea de a merge mai departe și de a învăța din experiențele tale. Aprecierea ta pentru propria persoană va fi cu atât mai mare atunci când îți vei da seama cât de puternic ești și cât de mult poți să depășești.

Motivarea și aprecierea de sine sunt două aspecte cruciale în dezvoltarea unei stime de sine puternice și în atingerea succesului personal și profesional. Este important să te cunoști pe tine însuți, să îți fixezi obiective realiste, să îți răsplătești succesul, să te relaxezi și să te îngrijești, să comunici pozitiv cu tine însuți și să menții o atitudine pozitivă. În felul acesta, vei reuși să îți motivezi și să îți aplauzi propria persoană pentru realizările tale și să te bucuri de succesul tău într-un mod sănătos și echilibrat.

Motivarea personală este un aspect extrem de important în ceea ce privește realizările personale și profesionale ale unei persoane. Este esențial să îți găsești surse constante de motivație pentru a te menține concentrat și determinat în atingerea obiectivelor tale. Vom explora câteva modalități eficiente prin care poți să îți motivezi propria persoană pentru a obține succesul dorit.

- Stabilește-ți obiective clare și realiste. Primul pas în motivarea ta personală este stabilirea obiectivelor pe termen scurt și lung. Este important să ai o viziune clară asupra a ceea ce vrei să realizezi și să îți fixezi obiective realiste și măsurabile.

Aceste obiective ar trebui să fie specifice și să fie cuantificate pentru a putea fi evaluate în mod clar pe parcursul progresului tău. De exemplu, dacă îți propui să îți îmbunătățești abilitățile de comunicare, poți să îți stabilești ca obiectiv să participi la un curs de dezvoltare personală sau să citești cărți de specialitate în acest domeniu. Stabilirea unor obiective clare îți va oferi direcție și un scop clar pentru a te menține motivat în ceea ce faci.

- Găsește-ți pasiunea.

Una dintre cele mai puternice surse de motivație este pasiunea pentru ceea ce faci. Atunci când îți găsești o activitate sau un domeniu de interes care te pasionează cu adevărat, vei simți o energie și o determinare suplimentară în atingerea obiectivelor tale. Pasiunea te va ajuta să depășești obstacolele și să îți menții focusul în momentele dificile. Dacă nu știi încă care este pasiunea ta, încearcă să explorezi diferite domenii și activități pentru a descoperi ceea ce te motivează cu adevărat. Nu te opri până nu găsești acea activitate care îți aduce bucurie și satisfacție și care te face să vrei să te implici din ce în ce mai mult.

- Încurajează-te pe tine însuți.
Auto-motivarea este esențială pentru a te menține concentrat și dedicat în atingerea obiectivelor tale. Încurajarea de sine este o modalitate eficientă de a-ți susține eforturile și de a-ți depăși limitele. Recunoașterea eforturilor și a reușitelor tale, indiferent cât de mici ar fi acestea, îți va oferi un imbold suplimentar pentru a merge mai departe și pentru a te strădui să obții mai mult.
O modalitate eficientă de a-ți încuraja pe tine însuți este să îți stabilești un sistem de recompense pentru fiecare obiectiv atins sau pentru fiecare etapă de progres în ceea ce îți propui să realizezi. Aprecierea eforturilor tale și recunoașterea progresului făcut îți va oferi o sursă constantă de motivație și încurajare.

- Gândește-te la beneficiile pe termen lung.
Atunci când te simți lipsit de motivație sau fără energie, este important să îți amintești de beneficiile pe termen lung pe care le vei obține dacă îți atingi obiectivele. Gândirea la rezultatele și la recompensele pe care le vei obține în viitor te va ajuta să îți menții concentrarea și determinarea în momentele dificile.Imaginația este un instrument puternic în motivarea ta personală.

Vizualizează-ți succesul, imaginează-ți cum te vei simți atunci când îți vei atinge obiectivele și îți vei atinge potențialul maxim. Aceste gânduri pozitive te vor motiva să depui eforturile necesare și să perseverezi în atingerea succesului.

• Ia pauze și îngrijește-te pe tine însuți. Pentru a rămâne motivat și concentrat, este important să îți acorzi timp pentru odihnă și relaxare. O minte sănătoasă într-un corp sănătos este cheia atingerii succesului în orice domeniu. Acordă-ți pauze regulate și asigură-te că îți acorzi suficient timp pentru a te relaxa și a te reîncărca.Îngrijirea ta personală este esențială pentru a-ți menține starea de spirit și energia necesară pentru a-ți atinge obiectivele. Fie că este vorba despre practicarea exercițiilor fizice regulare, despre adoptarea unei diete echilibrate sau despre practicarea tehnicilor de relaxare, asigură-te că acorzi atenție nevoilor tale și îți acorzi timp pentru a te îngriji pe tine însuți.

• Construiește-ți o rețea de suport. Un alt factor important în motivarea ta personală este construirea unei rețele de suport puternice.

Apropie-te de oameni care îți împărtășesc valorile și care te susțin în atingerea obiectivelor tale. Comunicarea cu persoane care te inspiră și care îți oferă sprijin emoțional și moral te va motiva să te străduiești să obții succesul pe care ți-l dorești.Împărtășirea obiectivelor tale cu alții și lucrul în echipă în direcția lor îți va oferi o sursă suplimentară de motivație și încurajare. Cunoașterea că ai oameni alături de tine care te susțin și te încurajează în drumul tău către succes te va ajuta să te menții concentrat și determinat în atingerea obiectivelor tale.

- Învață din eșecuri.

Eșecurile fac parte din parcursul fiecărei persoane și sunt oportunități de învățare și creștere. Este important să îți amintești că eșecurile nu definesc cine ești, ci modul în care le faci față și cum reacționezi la ele este ceea ce contează cu adevărat. Folosește fiecare eșec ca o oportunitate de a învăța, de a-ți dezvolta abilitățile și de a te îmbunătăți pentru viitor.

Nu te descuraja în fața eșecurilor, ci folosește-le ca un impuls pentru a te strădui să fii mai bun și pentru a-ți atinge obiectivele cu și mai multă determinare.

Privește experiențele negative ca pe o lecție de viață și ca o oportunitate de a-ți consolida rezistența și capacitatea de a te adapta la situații noi.

Recunoasterea si aprecierea succeselor personale sunt aspecte importante pentru dezvoltarea personala si mentinerea unui echilibru emotional si psihologic. Uneori, avem tendinta sa minimizam sau sa subestimam realizarile noastre, considerandu-le normale sau nedemne de laude. Cu toate acestea, fiecare succes, indiferent de cat de mic sau mare este el, merita sa fie recunoscut si apreciat.

Pentru a ne ajuta sa ne recunoastem si sa apreciem succesele personale, iată careva metode pe care le putem folosi:

- Tine un jurnal de succese.

Un mod eficient de a tine evidenta realizarii tale este sa tii un jurnal in care sa notezi zilnic succesele tale, indiferent de cat de mici sau mari sunt ele. Te vei surprinde sa descoperi cate lucruri bune faci in fiecare zi. De exemplu, poti nota in jurnal ca ai reusit sa termini un proiect la munca sau ca ai avut o conversatie pozitiva cu un prieten.

- Reflecteaza asupra realizarilor tale.

O alta metoda eficienta este sa reflectezi asupra succesele tale in mod regulat. Poti face acest lucru in fiecare seara, inainte de culcare, sau in fiecare weekend. Gandeste-te la lucrurile bune pe care le-ai facut si la cum te-au ajutat acestea sa te simti mai bine.

De exemplu, poti medita asupra faptului ca ai invatat o lectie importanta dintr-o experienta dificila sau ca ai reusit sa faci fata cu succes unei situatii stresante.

- Impartaseste-ti succesul cu cei dragi:
  Impartasirea succeselor tale cu cei dragi poate fi o modalitate minunata de a-ti recunoaste si aprecia realizarea. Poti povesti unui prieten sau unui membru al familiei despre succesul tau si aprecierile pe care le-ai primit.

De exemplu, poti povesti unui prieten ca ti-ai indeplinit un obiectiv important sau ai primit o lauda pentru munca ta.

- Planifica-ti un moment special pentru a-ti sarbatori succesul: Un mod placut de a-ti recunoaste si aprecia succesul este sa iti planifici un moment special pentru a-l sarbatori.

Poate fi vorba despre o cina in oras, o plimbare in natura sau o seara de relaxare acasa.

De exemplu, poti iesi la o cina romantica cu partenerul tau sau la un spectacol de teatru pentru a sarbatori o promovare la locul de munca.

- Acorda-ti timp pentru a te bucura de succesul tău.

 Un alt aspect important al aprecierii succesului este sa iti acorzi timp pentru a te bucura de el. Chiar daca esti obisnuit sa treci rapid la urmatoarea sarcina sau proiect, este important sa iti acorzi cateva momente pentru a te bucura de ceea ce ai realizat. De exemplu, poti petrece o zi in natura sau poti merge la spa pentru a te rasfata dupa finalizarea unui proiect important.

- Fii recunoscator pentru succesul tău. Recunostinta este o emotie puternica care poate spori aprecierea pentru succesul tau. Reflecta asupra faptului ca ai reusit sa obtii succesul respectiv si fii recunoscator pentru toate eforturile depuse pentru realizarea lui.

De exemplu, poti face o lista cu toate persoanele care te-au ajutat sa obtii succesul respectiv si sa le multumesti pentru sustinerea lor.

- Gaseste inspiratie in realizarea ta.

O modalitate eficienta de a-ti recunoaste si aprecia succesul este sa te inspiri din el pentru a-ti atinge alte obiective sau pentru a depasi noi provocari. Gandeste-te la modul in care ai reusit sa obtii succesul respectiv si foloseste aceasta inspiratie pentru a te motiva sa mergi mai departe.

De exemplu, daca ai terminat o cursa de alergare, foloseste succesul respectiv pentru a te motiva sa alergi mai mult in viitor sau sa participi la alte curse.

- Invata din succesul tau.

Succesul nu inseamna doar obtinerea unui rezultat pozitiv, ci si invatarea din experienta respectiva. Reflecteaza asupra a ceea ce ai invatat din realizarea ta si foloseste aceasta cunoastere pentru a-ti dezvolta abilitatile si aptitudinile.

De exemplu, daca ai obtinut un feedback pozitiv pentru o prezentare la locul de munca, reflecteaza asupra modului in care ai reusit sa comunici eficient si foloseste aceasta cunoastere pentru a-ti imbunatati abilitatile de comunicare.

- Recunoaste-ti valoarea personală.
Recunoasterea si aprecierea succeselor personale pot fi legate de recunoasterea valorii tale personale. Gandeste-te la modul in care succesul respectiv reflecta calitatile si aptitudinile tale si recunoaste-ti valoarea personala.
De exemplu, daca ai primit o lauda pentru munca ta in echipa, recunoaste-ti capacitatea de a lucra eficient cu ceilalti si de a coordona activitatile grupului.

- Fa o lista cu succesele tale.
Pentru a-ti aminti de succesele tale si a le aprecia mai bine, poti face o lista cu ele. Astfel, vei putea vedea cat de multe lucruri bune ai realizat si cat de multe motive de mandrie ai.
De exemplu, poti face o lista cu toate proiectele pe care le-ai finalizat cu succes la locul de munca sau cu toate activitatile sportive la care ai participat si le-ai terminat.

- Creeaza un colaj cu fotografii și amintiri.
Un colaj cu fotografii si amintiri din momentele in care ai obtinut succesul poate fi o modalitate placuta de a-ti recunoaste si aprecia realizarile tale.

De exemplu, poti face un colaj cu poze de la evenimente la care ai participat si le-ai organizat sau cu momentele in care ai primit premii sau recunoasteri pentru munca ta.

- Identifica si celebreaza mici victorii. Succesul nu inseamna intotdeauna obtinerea unei realizari majore sau a unui obiectiv important. Poti identifica si celebra si mici victorii, care pot fi la fel de importante pentru starea ta de bine.

De exemplu, poti celebra faptul ca ai reusit sa ajungi la timp la o intalnire sau ca ai rezolvat rapid o problema tehnica la calculator.

- Exprimarea recunostintei fata de tine insuti.

Un mod eficient de a-ti recunoaste si aprecia succesul este sa iti exprimi recunostinta fata de tine insuti. Gandeste-te la toate eforturile si sacrificiile pe care le-ai facut pentru a obtine succesul respectiv si multumeste-ti pentru implicarea si determinarea de care ai dat dovada.

De exemplu, poti spune cu voce tare sau poti nota intr-un jurnal cat de mult apreciezi munca si dedicarea ta in obtinerea succesului respectiv.

- Implica-te in activitati care iti aduc bucurie și satisfactie.

O modalitate eficienta de a-ti recunoaste si aprecia succesul este sa te implici in activitati care iti aduc bucurie si satisfactie.

De exemplu, poti petrece timp cu hobby-urile tale preferate sau poti merge la un concert sau la o expoziție de arta pentru a te simti inspirat si motivat.

- Caută feedback si recunoastere din partea altora.

Un alt mod eficient de a-ti recunoaste si aprecia succesul este sa cauti feedback si recunoastere din partea altora. Poate fi vorba despre colegi de munca, prieteni sau familie, care pot sa iti ofere pareri si aprecieri valoroase pentru realizarile tale.

De exemplu, poti cere feedback de la un coleg de munca cu privire la prezentarea ta sau poti cere unui prieten sa iti ofere un punct de vedere obiectiv asupra succesului tau.

"Nu te subestima niciodată. Recunoașterea și aprecierea realizărilor tale este primul pas către succes."

- Zig Ziglar

Capitolul 7

Învățarea să trăiești în prezent.

- *Importanța mindfulness-ului în creșterea stimei de sine.*
- *Cum să practici prezența și să te bucuri de momentele prezentului.*
- *Sfaturi pentru a îmbrățișa momentul prezent și a te conecta cu tine însuți.*

Trăirea în prezent este un concept esențial al filozofiei orientale și al practicilor spirituale precum meditația și mindfulness-ul. A trăi în prezent înseamnă să fii complet și total prezent în momentul actual, să renunți la gândurile despre trecut sau viitor și să te focalizezi pe ceea ce se întâmplă în acest moment.

Această abordare la viață este tot mai răspândită în cultura modernă, în special datorită stresului și anxietății crescute pe care mulți oameni le experimentează. Prin învățarea să trăiești în prezent, poți reduce stresul, să-ți îmbunătățești sănătatea mentală și emoțională și să ai o perspectivă mai clară și mai echilibrată asupra vieții. Există mai multe modalități de a învăța să trăiești în prezent, printre care se numără practicarea meditației, mindfulness-ului, yoga, respirației conștiente și alte tehnici de reducere a stresului și de creștere a conștientizării. Aceste practici te ajută să-ți dezvolți capacitatea de a te concentra pe prezent, de a fi conștient de gândurile și emoțiile tale și de a-ți regla răspunsurile la acestea.Este important să înțelegem că trăirea în prezent nu înseamnă ignorarea completă a trecutului sau viitorului. Este firesc să reflectăm asupra trecutului și să planificăm pentru viitor, dar nu ar trebui să lăsăm aceste aspecte să ne distrugă din prezent. A trăi în prezent înseamnă să îmbrățișăm complet ceea ce este în fața noastră acum, să ne bucurăm de lucrurile simple și să fim recunoscători pentru experiențele noastre de viață.

Meditația este una dintre cele mai puternice tehnici pentru a învăța să trăiești în prezent. Prin meditație, poți antrena mintea să fie prezentă și să observe gândurile și emoțiile fără a te lăsa prins în ele. Prin practica regulată a meditației, poți să-ți dezvolți capacitatea de a te concentra pe prezent și de a te conecta mai profund cu sinele tău interior.

Mai multe studii științifice au demonstrat beneficiile meditației pentru sănătatea mentală și emoțională. Meditația poate reduce anxietatea, stresul și depresia, poate îmbunătăți starea de spirit și calitatea somnului și poate crește nivelul de conștientizare și de empatie față de ceilalți. Un alt mod eficient de a învăța să trăiești în prezent este practicarea mindfulness-ului. Mindfulness-ul este capacitatea de a fi conștient de ceea ce se întâmplă în jurul nostru și în interiorul nostru în fiecare moment, fără a judeca sau a reacționa automat la aceste experiențe. Prin practicarea mindfulness-ului, putem să ne creștem nivelul de conștientizare și de prezentare în viața noastră de zi cu zi.

Mindfulness-ul poate fi practicat în multe moduri, de la simpla observare a respirației sau a senzațiilor corporale până la conștientizarea gândurilor și emoțiilor noastre cu echilibru și acceptare. Prin practicarea mindfulness-ului, putem să ne reglăm reacțiile automate și să ne creștem capacitatea de a rămâne calmi și centrați în mijlocul provocărilor și stresului cotidian.

Yoga este de asemenea o modalitate eficientă de a învăța să trăiești în prezent. Prin practicarea yoga, putem să ne conectăm cu corpul nostru și să ne eliberăm de tensiuni fizice și emoționale. Yoga combină exerciții fizice, respirație conștientă și meditație, oferindu-ne o modalitate cuprinzătoare de a ne îmbunătăți starea de bine și de a ne conecta cu sinele nostru interior.

Respirația conștientă este o tehnică simplă și eficientă pentru a ne aduce atenția în prezent. Prin concentrarea asupra respirației noastre, putem să ne eliberăm de gândurile și emoțiile agitate și să ne relaxăm corpul și mintea. Respirația conștientă poate fi practicată în orice moment și în orice loc, oferindu-ne un instrument ușor de folosit pentru a ne regla răspunsurile la stres și tensionare.

Învățarea să trăiești în prezent este un proces continuu și în evoluție, care necesită practică și dedicație. Prin cultivarea prezentului în viața noastră de zi cu zi, putem să ne îmbunătățim sănătatea mentală și emoțională, să ne îmbogățim conexiunea cu sinele nostru interior și să trăim o viață mai echilibrată și împlinitoare.

Mindfulness-ul este o abordare mentală și emoțională care implică să fii conștient și prezent în momentul actual, fără judecată sau reacții automate. Este o practică care provine din tradițiile budiste și este folosită în prezent în psihologie și terapie ca o tehnică eficientă de reducere a stresului, anxietății, depresiei și de îmbunătățire a stării de bine și a sănătății mentale și emoționale.

Conceptul de mindfulness se referă la capacitatea de a fi conștient de ceea ce se întâmplă în interiorul și în jurul nostru într-un mod deschis, curios și non-judgmental. Acesta presupune să ne focalizăm pe prezent, să observăm gândurile, emoțiile și senzațiile fizice fără să le evaluăm sau să le interpretăm.

Există mai multe moduri de a practica mindfulness, printre care se numără meditația mindfulness, în care persoanele se concentrează pe respirație sau pe senzațiile corpului pentru a își calma mintea și a deveni mai conștiente de prezent, în timp ce observă și acceptă gândurile și emoțiile care vin și pleacă. Alte tehnici de mindfulness includ exerciții de respirație conștientă, scanarea corporal și mindful eating (mâncarea conștientă).

Beneficiile practicării mindfulness-ului sunt numeroase și sunt susținute de cercetări științifice. Printre acestea se numără reducerea stresului și anxietății, îmbunătățirea somnului și concentrării, creșterea empatiei și rezilienței, precum și îmbunătățirea sănătății fizice. De asemenea, mindfulness-ul este eficient și în tratarea unor afecțiuni precum depresia, tulburările alimentare sau sindromul de stres posttraumatic.

Practicarea mindfulness-ului necesită timp și răbdare, dar poate aduce schimbări semnificative în viața unei persoane. Cu exercițiu regulat, această abordare poate deveni un mod de viață care contribuie la creșterea conștientizării de sine și la dezvoltarea unei atitudini mai blânde față de sine și față de ceilalți.

Mindfulness-ul reprezintă o modalitate eficientă și accesibilă de a îmbunătăți starea de bine și sănătatea mentală și emoțională prin practicarea conștientă a prezentului. Este o abordare holistcă care încurajează o mai mare conștientizare de sine și de lume și poate aduce beneficii semnificative în viața celor care îi acordă atenție și dedicare.

Mindfulness-ul reprezintă o practică de atenție și conștiență în prezent, fără a judeca sau reacționa la gânduri și emoții. Această tehnică a devenit din ce în ce mai populară în ultimii ani, datorită multiplelor beneficii pe care le aduce în viața persoanelor care o practică. Unul dintre aceste beneficii importante este creșterea stimei de sine.

Stima de sine este modul în care o persoană își percepe și își evaluează propria valoare. O persoană care are o stima de sine ridicată se simte mai încrezătoare în propriile abilități, are o percepție pozitivă despre sine și este mai puțin afectată de critici sau reacții negative din partea celor din jur.

Pe de altă parte, o stima de sine scăzută poate duce la sentimente de nesiguranță, anxietate, depresie și chiar la dezvoltarea unor comportamente autodistructive.

Mindfulness-ul poate ajuta la creșterea stimei de sine pentru că încurajează o atitudine de acceptare și compasiune față de sine, în loc de judecată și auto-critica negativă. Prin practicarea mindfulness-ului, persoanele își pot observa gândurile și emoțiile fără a le judeca sau a le reprimare.

Aceasta permite o mai mare claritate mentală și o mai bună înțelegere a propriei persoane, ceea ce poate duce la autodiscernământ și la acceptarea de sine.

Mindfulness-ul poate ajuta persoanele să-și regăsească contactul cu prezentul și să-și elibereze mintea de griji și stresuri care pot afecta stima de sine. Prin concentrarea pe respirație sau pe senzațiile trăite în prezent, persoanele își pot reduce anxietatea și își pot regăsi echilibrul emoțional. Acest lucru poate contribui la o mai bună înțelegere a propriilor nevoi și dorințe și la construirea unei imagini pozitive despre sine.

De asemenea, mindfulness-ul poate contribui la dezvoltarea abilităților de autocunoaștere și autoreglare, care sunt importante în construirea unei stime de sine sănătoase. Prin practicarea mindfulness-ului, persoanele își pot dezvolta capacitatea de a-și observa reacțiile emoționale și de a le regla într-un mod sănătos. Acest lucru poate duce la o mai mare conștientizare a propriilor limite și nevoi și la o mai mare capacitate de a face alegeri în conformitate cu acestea Practicarea mindfulness-ului poate fi o modalitate eficientă de a sprijini creșterea stimei de sine și de a îmbunătăți relația cu propriul sine.

Persoanele care își cultivă această practică pot observa o schimbare în percepția lor despre sine, în modul în care se raportează la propriile emoții și gânduri și în felul în care se relaționează cu ceilalți.

De exemplu, o persoană care practică mindfulness-ul poate observa că își cultivă mai multă blândețe și compasiune față de sine și față de ceilalți și că este mai puțin afectată de reacțiile negative sau criticii din partea celorlalți.

Mindfulness-ul poate fi o unealtă valoroasă în dezvoltarea și menținerea unei stime de sine sănătoase. Prin practicarea acestei tehnici, persoanele pot învăța să-și accepte și să-și iubească propria persoană așa cum sunt, să-și regăsească echilibrul emoțional și să-și dezvolte abilitățile de autocunoaștere și autoreglare. Toate aceste aspecte contribuie la construirea unei stime de sine pozitive și la îmbunătățirea calității vieții.

Practica prezenței și bucuria de momentele prezente sunt două aspecte esențiale ale trăirii unei vieți fericite și împlinite. A fi prezent în fiecare moment și a te bucura de ceea ce se întâmplă în jurul tău te poate ajuta să te eliberezi de stresul și anxietatea zilnică, să îți crești stima de sine și să trăiești o viață mai autentică și conștientă.

Există multe modalități prin care poți practica prezența și să te bucuri de momentele prezente, iar în continuare voi explora câteva dintre aceste metode și strategii:

- Meditația și mindfulness.

Meditația și practicile de mindfulness sunt modalități eficiente de a-ți antrena mintea să trăiască în prezent. Prin meditație, poți să te concentrezi pe respirație, pe senzațiile corpului sau pe gândurile tale, fără să le judeci sau să le analizezi. Aceasta te poate ajuta să îți calmezi mintea și să îți crești nivelul de conștiență asupra momentului prezent.

- Observația și conștiența.

O altă modalitate de a practica prezența este să observi și să fii conștient de ceea ce se petrece în jurul tău. Poți să te concentrezi asupra sunetelor, mirosurilor, culorilor sau texturilor din mediul în care te afli și să te bucuri de toate aceste detalii. Fii prezent în fiecare moment și încearcă să îl trăiești pe deplin, fără a te gândi la trecut sau la viitor.

- Activități care te relaxează.

Să faci lucruri care te relaxează și te aduc în starea de flow poate fi o modalitate eficientă de a practica prezența și de a te bucura de momentele prezente. Poți să practici yoga, să te plimbi în natură, să faci artă sau să asculți muzică relaxantă. Fă tot ce îți aduce bucurie și te ajută să te eliberezi de stresul zilnic.

- Apreciază lucrurile mărunte.

Nu uita să apreciezi lucrurile mărunte din viața ta și să te bucuri de ele. Fie că este vorba de o floare frumoasă, de un zâmbet primit de la cineva drag sau de o ceașcă de ceai cald, nu trece cu vederea aceste momente și nu le subestima. Apreciază-le și bucură-te de ele, învățând să fii recunoscător pentru toate lucrurile bune din viața ta.

- Redu tehnologia și distragerea.

Pentru a fi cu adevărat prezent și a te bucura de momentul de față, este important să reduci timpul petrecut cu tehnologia și cu distragerile din jurul tău. Înlocuiește orele petrecute pe rețelele de socializare cu timp petrecut în natură sau cu persoane dragi, renunță la telefonul mobil în timpul meselor și încearcă să fii atent la ceea ce se întâmplă în jurul tău fără a fi distras de alte lucruri.

- Practică recunoștința.

 Recunoștința este o altă modalitate eficientă de a te conecta la prezent și de a îți exprima aprecierea pentru toate lucrurile bune din viața ta. Fă un obicei din a-ți exprima recunoștința în fiecare zi, fie că este vorba de un jurnal de recunoștință, de a spune "mulțumesc" sau de a face gesturi mici de apreciere față de cei din jurul tău.

- Învață să te relaxezi și să te eliberezi de stres.

Stresul și anxietatea pot fi mari piedici în calea practicării prezenței și bucurării de momentele prezente. Încearcă să înveți tehnici de relaxare, cum ar fi respirația profundă, meditația sau yoga, pentru a te elibera de stres și a te concentra pe momentul de față.

Pe lângă aceste strategii, este important să îți amintești că practicarea prezenței și bucuria de momentele prezente sunt un proces continuu și că este normal să ai momente în care îți este dificil să fii prezent sau să te bucuri de lucrurile mici din viața ta. Este important să accepți aceste momente și să îți reamintești că fiecare clipă este o oportunitate de a te conecta cu tine însuți și cu lumea din jurul tău.

Practicarea prezenței și bucuria de momentele prezente sunt aspecte esențiale ale unei vieți autentice și împlinite. Cu răbdare, perseverență și practică constantă, poți să îți îmbunătățești capacitatea de a trăi în prezent și de a te bucura de toate lucrurile minunate din viața ta. Fii conștient de fiecare clipă, apreciază lucrurile mărunte din jurul tău și nu uita să îți exprimi recunoștința pentru toate lucrurile bune din viața ta.

Pentru a îmbrățișa momentul prezent și a te conecta cu tine însuți, este important să fii conștient de ceea ce se întâmplă în jurul tău și în interiorul tău.

În continuare, voi prezenta sfaturi utile pentru a te ajuta să cultivi prezența, să îți descoperi sinele și să îți găsești echilibrul interior.

- Practică meditația și mindfulness. Meditația te ajută să te concentrezi asupra prezentului și să îți observi gândurile și emoțiile fără a le judeca. Practicând mindfulness, vei învăța să te conectezi cu momentul prezent și să îți îmbunătățești capacitatea de a trăi în mod conștient.

- Fii atent la respirația ta.
Respirația este o modalitate excelentă de a te conecta cu corpul tău și de a aduce atenția înapoi în prezent. Fă pauze scurte în timpul zilei pentru a-ți verifica respirația și a-ți focaliza atenția pe ea.

- Observă-ți senzațiile fizice.
Fii atent la senzațiile pe care le simți în corpul tău în fiecare moment. Poate fi o senzație de căldură, de rece, de tensiune sau de relaxare. Observarea acestor senzații te ajută să fii mai conectat cu tine însuți.

- Învață să te relaxezi: Găsește modalități de a te relaxa și de a te elibera de stresul zilnic.

Poți practica yoga, să îți faci o baie caldă sau
să asculți muzică relaxantă. Important este să
îți acorzi timp pentru a-ți îngriji corpul și
mintea.

- Petrece timp în natură.

Natura este un loc excelent pentru a te
reconecta cu sinele tău și pentru a te elibera
de agitația vieții de zi cu zi. Mergi într-o
plimbare prin pădure, stai pe malul unui lac
sau urmărește răsăritul soarelui. Aceste
momente te vor ajuta să te simți mai prezent
și mai conectat cu universul.

- Fii recunoscător.

Practicarea recunoștinței te ajută să îți
schimbi perspectiva asupra vieții și să îți
concentrezi atenția asupra lucrurilor pozitive
din viața ta. Fie că scrii într-un jurnal de
recunoștință sau pur și simplu îți exprimi
recunoștința în gând, acest obicei te va ajuta
să îți dezvolți un gând pozitiv și să îți
întărești conexiunea cu sinele tău.

- Stabilește limite sănătoase.

Învață să îți spui "nu" atunci când simți că îți
depășești limitele. Stabilirea unor limite
sănătoase te ajută să îți păstrezi echilibrul
interior și să îți protejezi energia și resursele.

- **Ascultă-ți corpul.**

Corpul tău îți transmite semnale despre starea lui de sănătate și echilibru. Fii atent la senzațiile fizice neplăcute pe care le ai și acționează în consecință. Îngrijește-ți corpul și acordă-i atenția și respectul pe care merită.

- **Fă o pauză de la tehnologie.**

Tehnologia poate fi o sursă de distracție și stres. Fă o pauză de la mediul online și petrece timp în liniște, fără să fii distras de notificări și mesaje. Acest lucru te va ajuta să îți refaci conexiunea cu tine însuți și să te regăsești în prezent.

- **Apreciază momentele mici de bucurie.**

Nu lăsa să treacă neobservate momentele mici de bucurie din viața ta. Fii atent la lucrurile simple care îți aduc zâmbetul pe buze și bucură-te de ele pe deplin.

- **Învață să te iubești.**

Autocunoașterea și autocompasiunea sunt elemente esențiale în procesul de conectare cu sinele. Învață să îți accepți și să îți iubești întregul ființă, cu toate calitățile și defectele ei.

- Fii deschis la noi experiențe.

Învață să fii deschis la schimbare și la evoluție personală. Încearcă lucruri noi, ieși din zona ta de confort și explorează latura necunoscută a ta. Fiecare experiență nouă te poate ajuta să te cunoști mai bine și să te conectezi mai profund cu sinele tău.

- Practică altruismul.

Fă fapte bune și împărtășește-ți generozitatea cu cei din jurul tău. Gesturile de ajutor și iubire necondiționată te ajută să te conectezi cu ceilalți și să îți cultivi un sentiment de comunitate și apartenență.

- Cultivă recunoștința pentru trecutul tău.

Înțelegerea și acceptarea trecutului tău te ajută să îți găsești pacea interioară și să îți eliberezi mintea de gândurile negative și regretele din trecut. Recunoștința pentru experiențele trecute te ajută să înveți din ele și să te dezvolți într-un mod autentic și autentic.

- Fii prezent cu ceilalți.

Așteptați să fiți prezenți și implicați atunci când interacționați cu ceilalți.

Ascultă cu atenție, fără să îți planifici deja răspunsul, și fii deschis la conexiuni autentice și profunde. Relațiile interpersonale sunt o sursă importantă de satisfacție și evoluție, așa că acordă-le prioritate și conectează-te cu ceilalți în mod autentic și empatic.

Conectarea cu sinele și trăirea prezentului sunt procese care necesită timp, răbdare și practică constantă. Cu determinare și deschidere către schimbare, vei reuși să îți cultivi aceste abilități esențiale pentru o viață echilibrată și împlinită.

Fii conștient de ceea ce se întâmplă în jurul tău și în interiorul tău, acceptă-te și iubește-te așa cum ești și bucură-te de frumusețea fiecărui moment prezent!

"Învață
să trăiești în prezent; ieri a
dispărut, mâine nu s-a născut
încă. Trăiește fiecare clipă din
viața ta cu intensitate."
Buddha

CAPITOLUL 8

Înfruntarea temerilor și a incertitudinilor este o provocare pe care majoritatea oamenilor o întâmpină la un moment dat în viața lor. Fie că este vorba de frica de eșec, de necunoscut sau de schimbare, aceste emoții pot avea un impact semnificativ asupra stării noastre de bine și pot împiedica progresul și dezvoltarea personală. Prin înțelegerea și gestionarea acestor temeri și incertitudini, putem să ne depășim limitele și să îmbunătățim calitatea vieții noastre.

Primii pași pentru a înfrunta temerile și incertitudinile este să le conștientizăm și să le recunoaștem. Este important să ne dăm seama că aceste emoții sunt naturale și că toată lumea se confruntă cu ele la un moment dat. Prin recunoașterea și acceptarea lor, putem să le gestionăm mai eficient și să nu le lăsăm să ne controleze viața.

Importantă în înfruntarea temerilor și incertitudinilor este să ne educăm și să ne informăm. Cunoașterea este putere, iar învățarea despre ceea ce ne sperie sau ne neliniștește ne poate ajuta să ne simțim mai încrezători și mai pregătiți pentru a face față situațiilor dificile. De asemenea, este util să discutăm cu cei din jurul nostru sau chiar să căutăm ajutor profesional pentru a găsi soluții sau strategii eficiente de gestionare a temerilor și incertitudinilor noastre.

Un alt aspect important în înfruntarea temerilor și incertitudinilor este să fim deschiși la schimbare și să ne adaptăm la situațiile noi. Frica de necunoscut poate fi copleșitoare, dar este important să înțelegem că schimbarea este inevitabilă și că trebuie să fim flexibili și deschiși la noi experiențe și oportunități. Asumarea riscului și ieșirea din zona de confort pot fi înfricoșătoare, dar pot aduce și cele mai mari recompense și satisfacții pe termen lung.

De asemenea, sănătatea mintală este un aspect crucial în gestionarea temerilor și incertitudinilor. Este important să ne acordăm timp pentru a ne relaxa, a ne deconecta și a ne îngriji mintea și corpul.

Exercițiile de respirație, meditația, yoga sau alte tehnici de relaxare pot fi de mare ajutor în diminuarea anxietății și stresului și în creșterea stării noastre generale de bine.Un alt aspect important în înfruntarea temerilor și incertitudinilor este să ne menținem un gând pozitiv și să ne concentrăm pe aspectele pozitive din viața noastră. Recunoașterea și aprecierea lucrurilor bune din viața noastră ne pot ajuta să ne simțim mai recunoscători și mai optimiști în fața provocărilor și dificultăților. Aprecierea micilor succese și împliniri zilnice poate avea un impact semnificativ asupra stării noastre de bine și poate să ne ajute să ne menținem motivarea și încrederea în propriile noastre capacități. Înfruntarea temerilor și a incertitudinilor poate fi o provocare, dar este important să fim conștienți de ele, să ne informăm și să ne educăm, să fim deschiși la schimbare și noi experiențe, să ne îngrijim sănătatea mintală și să ne concentrăm pe aspectele pozitive din viața noastră. Prin gestionarea acestor emoții și abordarea lor cu o atitudine pozitivă și deschisă, putem să ne depășim limitele și să ne dezvoltăm în mod personal și profesional.

Frica și incertitudinea sunt două stări emoționale care pot afecta pe oricine, indiferent de vârstă sau statut social. Este important să recunoști aceste emoții și să înveți cum să le gestionezi pentru a nu fi copleșit de ele. Vom explora cum să recunoști și să gestionezi fricile și incertitudinile, oferind sfaturi practice și strategii eficiente.

Recunoașterea fricilor și incertitudinilor Primul pas în gestionarea fricilor și incertitudinilor este recunoașterea lor. Este important să fii conștient de ceea ce te sperie și de ce te face să te simți nesigur. Uneori, fricile și incertitudinile pot fi evidente, cum ar fi teama de înălțime sau incertitudinea cu privire la viitorul profesional. Alteori, aceste emoții pot fi mai subtile și pot fi legate de traume din trecut sau de lipsa încrederii în sine.

Pentru a identifica fricile și incertitudinile, poți începe prin a-ți analiza gândurile și emoțiile atunci când te simți nesigur sau anxios. Încearcă să identifici ce anume te face să te simți așa și încearcă să îți dai seama de ce anume te sperie sau te face să simți că nu poți face față situației.

De asemenea, poți ține un jurnal în care să îți notezi gândurile și emoțiile care te afectează în mod negativ. Acest exercițiu te poate ajuta să obții o perspectivă mai clară asupra fricilor și incertitudinilor tale și să îți identifici modelele de gândire negative care te afectează.

Gestionează fricile și incertitudinile

După ce ai recunoscut fricile și incertitudinile, următorul pas este să înveți cum să le gestionezi eficient pentru a nu te lăsa copleșit de ele. Există mai multe strategii pe care le poți folosi pentru a face față acestor emoții:

- Acceptă-ți emoțiile.

Este important să îți accepți fricile și incertitudinile ca parte normală a vieții. Nu te judeca pentru că simți așa și nu încerca să le ignor și să le eviți. Aceptă-ți emoțiile și fii blând cu tine însuți în timp ce îți gestionezi fricile și incertitudinile.

- Identifică și schimbă gândurile negative.

Gândurile negative pot amplifica fricile și incertitudinile tale, așa că este important să le identifici și să le schimbi în gânduri constructive și pozitive.

Încearcă să te întrebi dacă gândurile tale sunt rationale și realiste sau dacă sunt doar produsul fricilor și incertitudinilor tale.

- Practică tehnici de relaxare.

Tehnicile de relaxare, cum ar fi meditația, respirația profundă sau yoga, pot ajuta să îți reduci nivelul de stres și anxietate și să îți gestionezi mai bine fricile și incertitudinile. Încearcă să îți stabilești o rutină de relaxare zilnică pentru a-ți menține echilibrul emoțional.

- Vorbește cu cineva de încredere.

Uneori, împărtășirea fricilor și incertitudinilor tale cu cineva de încredere poate fi de mare ajutor. Persoana respectivă te poate ajuta să obții o perspectivă mai obiectivă asupra situației și te poate susține în procesul de gestionare a acestor emoții.

- Fă față fricilor treptat.

Un mod eficient de a-ți gestiona fricile este să le abordezi treptat și să îți depășești zona de confort puțin câte puțin. Începe cu situații mici care te sperie și fă față fricilor tale pas cu pas, câștigând încredere în tine și dobândind abilități noi de adaptare la situații stresante.

- Caută ajutor profesional.

Dacă fricile și incertitudinile tale devin copleșitoare și te afectează în mod semnificativ calitatea vieții, este important să cauți ajutorul unui specialist în sănătate mentală. Un psiholog sau terapeut te poate ajuta să îți explorezi fricile și incertitudinile în profunzime și să îți ofere strategii și tehnicie eficiente de gestionare a acestor emoții.

Recunoașterea și gestionarea fricilor și incertitudinilor sunt aspecte importante ale dezvoltării personale și a sănătății mentale. Învață să îți recunoști emoțiile și să îți gestionezi fricile și incertitudinile într-un mod eficient și sănătos pentru a te simți mai echilibrat și mai fericit. Fii deschis la schimbare și la căutarea de soluții pentru a-ți depăși temerile și a te elibera de incertitudini, pentru a trăi o viață mai plină și mai împlinită.

Depășirea limitelor și a zonei de confort reprezintă un aspect important în dezvoltarea personală și profesională a unei persoane. Este un proces de creștere și schimbare care poate fi dificil și provocator, dar care aduce cu sine o serie de beneficii și oportunități de creștere și progres.

Există mai multe metode și strategii pe care le poți folosi pentru a-ți depăși limitele și pentru a ieși din zona de confort. Aceste metode implică desfășurarea unor acțiuni noi, îndrăznețe și provocatoare, care te vor ajuta să-ți depășești propriile bariere și să îți dezvolți capacitatea de a face față situațiilor dificile și de a te adapta la schimbare.

Iată câteva metode eficiente pe care le poți folosi pentru a-ți depăși limitele și pentru a ieși din zona ta de confort:

- Stabilește obiective clare și realiste.

Un prim pas important în depășirea limitelor tale este să îți stabilești obiective clare și realiste. Fie că este vorba despre un obiectiv personal sau profesional, este important să știi exact ce vrei să realizezi și să îți setezi planuri și strategii clare pentru a ajunge acolo.

- Ieși din zona ta de confort treptat.

Un mod eficient de a-ți depăși limitele este să începi să ieși treptat din zona ta de confort. Începe cu acțiuni mici și progresive care te pun în situații noi și provocatoare, și apoi crește treptat gradul de dificultate în funcție de progresul tău.

- Fă față temerilor tale.

O altă metodă importantă în depășirea limitelor tale este să îți confrunți temerile și anxietățile care îți blochează progresul. Identifică care sunt acele lucruri care te blochează și lucrează pentru a le depăși și a le înfrunta cu curaj și hotărâre.

- Învață să iei riscuri.

Este important să îți asumi riscuri și să faci lucruri pe care nu le-ai făcut niciodată înainte. Chiar dacă te simți inconfortabil sau nesigur, îndrăznește să faci pasul și să îți asumi responsabilitatea pentru alegerile tale.

- Îmbracă-te în pielea altcuiva.

O altă metodă eficientă de a-ți depăși limitele și de a ieși din zona ta de confort este să încerci să te pui în pielea altcuiva și să vezi lumea dintr-o perspectivă diferită. Acest lucru te poate ajuta să îți dezvolți empatia, să îți îmbunătățești abilitățile de comunicare și să îți deschizi mintea către noi idei și oportunități.

- Învață să te accepți și să îți iubești imperfecțiunile.

Este important să îți accepți și să îți iubești propriile imperfecțiuni și să îți lași deoparte critica și judecata de sine. Acceptarea de sine este un prim pas esențial în procesul de depășire a limitelor și de încredere în propria persoană.

- Cultivă o mentalitate pozitivă.

Un mod eficient de a-ți depăși limitele și de a ieși din zona de confort este să cultivi o mentalitate pozitivă și optimistă. Gândește-te la situațiile dificile ca la o oportunitate de creștere și învățare, și fii deschis la noi provocări și oportunități.

- Întărește-ți relațiile cu cei din jur.

Relațiile cu cei din jur pot juca un rol important în procesul tău de depășire a limitelor și de ieșire din zona de confort. Împărtășește-ți obiectivele și dorințele cu cei din jur și cere-le sprijinul și încurajarea lor în momentele dificile.

Depășirea limitelor și a zonei de confort reprezintă un proces esențial în dezvoltarea personală și profesională a unei persoane. Prin folosirea unor metode și strategii eficiente, precum stabilirea obiectivelor clare, ieșirea treptată din zona de confort, confruntarea temerilor, asumarea riscurilor, cultivarea unei mentalități pozitive și întărirea relațiilor cu cei din jur, poți să îți depășești limitele și să ieși din zona ta de confort pentru a te dezvolta și a crește ca individ.

Construirea curajului și încrederii în propria persoană este un proces continuu care necesită timp, efort și dedicare. Este important să îți amintești că aceste calități nu se construiesc peste noapte, dar cu puțină practică și determinare poți să devii o persoană mai sigură pe tine și mai încrezătoare în abilitățile tale.

Iată sfaturi care te pot ajuta să îți dezvolți curajul și încrederea în propria persoană:

- Identifică-ți temerile și lucrează la ele. Primul pas în dezvoltarea curajului este să îți examinezi temerile și să înțelegi de ce acestea te fac să te simți nesigur.

Identificarea și confruntarea cu temerile tale poate să fie dificilă, dar este esențială pentru a-ți depăși limitele.

• Stabilește obiective și acționează.
Pentru a construi încrederea în tine, este important să îți stabilești obiective realiste și să acționezi în direcția lor. Fă-ți un plan clar și începe să faci pași mici pentru a-ți atinge obiectivele.

• Învață să îți asumi riscuri.
Curajul nu înseamnă să nu ai frică, ci să îți asumi riscuri în ciuda fricilor tale. Încearcă să ieși din zona ta de confort și să îți asumi riscuri controlate pentru a crește încrederea în tine.

• Acceptă-ți greșelile și învață din ele.
Eșecurile și greșelile fac parte din procesul de creștere și dezvoltare. Învață să îți accepți greșelile, să înveți din ele și să mergi mai departe cu capul sus.

• Îngrijește-ți mintea și corpul.
Este important să îți acorzi timp pentru a-ți îngriji mintea și corpul.

 Fă exerciții fizice regulat, odihnește-te
suficient și alimentează-te sănătos pentru a-
ți menține energia și vitalitatea.

- Ceriți feedback și recunoașteți-vă
  realizările.

Nu ezitați să cereți feedback de la cei din jurul
vostru și să vă recunoașteți realizările.
Aprecierea și recunoașterea succeselor
voastre vă poate ajuta să vă creșteți
încrederea în sine.

- Învață să spună nu și să îți afirmi nevoile.

Este important să înveți să îți afirmi nevoile
și să spui nu atunci când simți că ai nevoie de
spațiu sau timp pentru tine. A fi asertiv te
poate ajuta să îți construiești încrederea în
tine și să îți stabilești limitele.

- Găsiți modele și mentori.

 Caută modele și mentori care să îți ofere
suport și îndrumare în parcursul tău de
dezvoltare personală. A fi înconjurat de
oameni inspiraționali poate să te motiveze și
să te ajute să îți depășești limitele.

- Practică îngăduința față de tine.

Nu fi prea dur cu tine însuți și învață să te ierți pentru greșelile pe care le faci. Când ai încredere în tine și îți accepți imperfecțiunile, vei putea să îți crești stima de sine și să îți construiești mai mult curaj.

- Fii deschis la schimbare și adaptare.

Este important să fii deschis la schimbare și să îți adaptezi comportamentul și abordările în funcție de situație. Flexibilitatea și capacitatea de adaptare te pot ajuta să îți crești curajul și încrederea în tine.

- Cultivă gândirea pozitivă.

Gândirea pozitivă poate să îți influențeze modul în care te percepi pe tine însuți și abilitățile tale. Încearcă să îți cultivi gândirea pozitivă și să îți concentrezi atenția asupra aspectelor bune din viața ta.

- Exersează empatia și înțelegerea față de ceilalți.

Învață să exersezi empatia și înțelegerea față de cei din jurul tău. Să fii empatic poate să îți ajute să îți dezvolți încrederea în tine și să fii mai deschis la colaborare și comunicare cu ceilalți.

- **Explorează noi experiențe și provocări.**
Ieși din zona ta de confort și explorează noi experiențe și provocări care să te testeze și să îți pună la încercare limitele. Încercarea de lucruri noi și neobișnuite poate să îți ajute să îți dezvolți curajul și încrederea în sine.

- **Fii recunoscător pentru ceea ce ai.**
Fii recunoscător pentru ceea ce ai și pentru toate realizările și succesele tale, indiferent cât de mici ar fi acestea. Recunoașterea și aprecierea aspectelor pozitive din viața ta pot să te motiveze și să îți crească încrederea în tine.

- **Fă-ți timp pentru relaxare și reflecție.**
Nu uita să îți acorzi timp pentru relaxare și reflecție, pentru a te conecta cu tine însuți și pentru a-ți încărca bateriile emoționale. Fă-ți timp pentru activități care îți aduc bucurie și liniște interioară, pentru a-ți crește curajul și încrederea în propria persoană.

Dezvoltarea curajului și încrederii în propria persoană este un proces care necesită răbdare, determinare și auto-reflecție. Cu puțină practică și efort, poți să devii o persoană mai sigură pe tine și să îți crești stima de sine.

"Omul însuși
este cel mai mare dușman al
său, deoarece temerile sale
și incertitudinile
sunt adesea create în
mintea lui și amplificate de
propria sa imaginație."
Epictet

CAPITOLUL 9

Practicarea recunoștinței și a compasiunii.
- *Cum să aduci recunoștință în viața ta zilnică.*
- *Importanța compasiunii și a bunătății față de tine însuți și față de ceilalți.*
- *Sfaturi pentru a practica recunoștința și compasiunea în fiecare zi.*

Recunoștinţa și compasiunea sunt două trăsături umane fundamentale care ne permit să ne conectăm cu ceilalți și să ne dezvoltăm ca persoane. Ele ne oferă o perspectivă pozitivă asupra vieţii și ne fac să ne simţim mai aproape de ceilalți și mai implicaţi în comunitatea noastră.

Recunoștinţa este capacitatea de a recunoaște și aprecia lucrurile bune din viaţa noastră, indiferent de cât de mici sau mari ar fi acestea. Este o calitate care ne poate aduce fericire și liniște interioară, deoarece ne ajută să ne concentrăm asupra aspectelor pozitive ale existenţei noastre și să ne recunoaștem privilegiile și resursele pe care le avem. Practicarea recunoștinţei ne poate ajuta să ne concentrăm asupra a ceea ce este important pentru noi și să ne îmbunătăţim starea de bine generală.

Compasiunea, pe de altă parte, este capacitatea de a simți emoție față de suferința celorlalți și de a fi motivați să-i ajutăm în vreun fel. Ea implică empatizarea cu ceilalți și manifestarea de grijă și îngrijorare față de nevoile și bunăstarea lor. Compatimtea are puterea de a ne conecta cu ceilalți în mod profund și de a crea legături de empatie și înțelegere reciprocă.

Practicarea recunoștinței și a compasiunii poate avea numeroase beneficii asupra psihicului nostru și asupra relațiilor noastre cu cei din jur. Aceste practici ne pot ajuta să ne relaxăm, să ne concentram asupra aspectelor pozitive ale vieții, să ne îmbunătățim starea de bine și să avem o atitudine mai deschisă și mai empatică față de ceilalți.

Iată câteva beneficii ale practicării recunoștinței și a compasiunii:

- Starea de bine și fericirea.

Practicarea recunoștinței ne poate ajuta să ne simțim mai mulțumiți cu ceea ce avem și să apreciem mai mult lucrurile simple din viața noastră. Aprecierea aspectelor pozitive ale existenței noastre ne poate aduce o stare de fericire și mulțumire, chiar și în situații dificile.

- **Mai multă fericire și împlinire.**

Practicarea compasiunii ne poate ajuta să ne simțim mai fericiți și mai împliniți. Atunci când ne conectăm cu ceilalți și le arătăm empatie și compasiune, putem simți o stare de bucurie și de satisfacție care ne poate face să ne simțim mai bine în general.

- **Relații mai puternice și mai autentice.**

Compasiunea ne poate ajuta să construim relații mai bune și mai autentice cu cei din jurul nostru. Atunci când arătăm compasiune față de ceilalți, putem consolida legăturile noastre și să aducem mai multă fericire și armonie în relațiile noastre.

- **O mai bună sănătate mentală și emoțională.**

Practicarea compasiunii ne poate ajuta să ne protejăm sănătatea mentală și emoțională. Atunci când arătăm compasiune față de ceilalți și ne concentram pe ajutarea și sprijinirea lor, putem reduce nivelul de stres și anxietate și să creștem nivelul de fericire și de bine.

- **O mai mare conștientizare de sine și de ceilalți.**

Compasiunea ne poate ajuta să devenim mai conștienți de sine și de ceilalți.

Atunci când arătăm compasiune față de ceilalți, ne putem conecta mai bine cu stările și nevoile lor și putem dezvolta o mai mare înțelegere și empatie față de ei.

Modalități de cultivare a compasiunii:

Există numeroase modalități în care putem să cultivăm compasiunea în viața noastră de zi cu zi.

Iată câteva dintre ele:

- Să fim mai empatici și mai înțelegători. Un mod eficient de a cultiva compasiunea este să fim mai empatici și mai înțelegători față de ceilalți. Putem încerca să ne punem în locul lor și să înțelegem ce simt sau ce trăiesc în momentul respectiv.

- Să arătăm bunătate și generozitate. Arătarea bunătății și generozității față de ceilalți poate fi o modalitate eficientă de a cultiva compasiunea. Putem să le ajutăm în momentele de suferință sau dificultate sau să le arătăm sprijin și încurajare în momentele grele.

- Practicarea auto-compasiunii.
Auto-compasiunea este esențială pentru a ne
conecta cu propria suferință și pentru a ne
 cu bunătate și înțelegere. Atunci când arătăm
compasiune față de noi înșine, putem reduce
nivelul de auto-critică și de negativitate și să
creștem nivelul de fericire și de bine.

- Să fim recunoscători pentru sprijinul și
dragostea celor din jurul nostru.
Recunoașterea recunoștinței pentru sprijinul
și dragostea celor din jurul nostru poate fi un
mod eficient de a cultiva compasiunea. Atunci
când suntem recunoscători pentru bunătatea
și generozitatea celor din jurul nostru, putem
arăta mai multă compasiune față de ei și să
ne conectăm cu ei la un nivel mai profund.
Recunoștința și compasiunea sunt două
calități esențiale care ne pot ajuta să devenim
oameni mai buni și să aducem mai multă
fericire și armonie în viața noastră și în viața
celor din jurul nostru. Practicarea
recunoștinței ne poate ajuta să ne
concentrăm pe lucrurile bune din viața
noastră și să ne simțim mai fericiți și mai
împliniți, în timp ce practicarea compasiunii
ne poate ajuta să ne conectăm cu ceilalți și să
aducem mai multă bucurie și fericire în lumea
noastră.

Prin cultivarea acestor două calități în viața noastră de zi cu zi, putem deveni mai empatici, mai înțelegători și mai generoși, și putem contribui la construirea unei lumi mai bune și mai empatic.

Recunoașterea și practicarea recunoștinței și a compasiunii pot fi cheia către o viață fericită și împlinită, atât pentru noi înșine, cât și pentru cei din jurul nostru.

Recunoștința este un sentiment puternic de apreciere și mulțumire față de ceva sau cineva. Este un aspect important al fericirii și poate avea efecte benefice asupra stării noastre de spirit, sănătății noastre și relațiilor noastre cu ceilalți. Astfel, aducerea recunoștinței în viața noastră zilnică poate avea un impact semnificativ asupra modului în care ne simțim și trăim.

Există mai multe modalități prin care putem cultiva recunoștința în viața noastră zilnică și să ne amintim de lucrurile bune și de oamenii care ne aduc bucurie și susținere.

Iată câteva strategii care te pot ajuta să aduci mai multă recunoștință în viața ta:

- Ține un jurnal de recunoștință.

Una din cele mai eficiente modalități de a aduce mai multă recunoștință în viața ta este să ții un jurnal în care să notezi zilnic ceea ce ești recunoscător. Poți scrie despre lucrurile mici sau mari pentru care ești recunoscător, cum ar fi o dimineață frumoasă, o conversație plăcută cu un prieten sau o realizare la locul de muncă. Așa ceva te va ajuta să te concentrezi pe partea pozitivă a vieții tale și să îți amintești de toate motivele pentru care ar trebui să fii recunoscător.

- Găsește momente de recunoștință în rutina ta zilnică.

Fie că este vorba de dimineața când te trezești sau de seara înainte de culcare, încearcă să găsești momente în rutina ta zilnică în care să reflectezi asupra lucrurilor pentru care ești recunoscător. Poți să începi fiecare zi cu un gând de recunoștință sau să închei ziua gândindu-te la lucrurile frumoase care ți s-au întâmplat.

- Practică meditația sau mindfulness.

Meditația și mindfulnessul pot fi instrumente puternice pentru a ne conecta cu recunoștința noastră.

Practicând meditația sau mindfulnessul, ne putem antrena mintea să fie mai prezentă și să observăm cu mai multă atenție lucrurile bune din viața noastră. Încearcă să faci meditație sau mindfulness pentru câteva minute în fiecare zi și să îți îndrepți atenția către sentimentele de recunoștință pe care le ai.

- Fii recunoscător pentru oamenii din jurul tău.

Recunoștința nu se referă doar la lucruri materiale sau circumstanțe favorabile, ci și la relațiile cu cei din jurul nostru. Încearcă să îți exprimi recunoștința pentru oamenii speciali din viața ta, fie că este vorba de familie, prieteni sau colegi de muncă. Arată-le cât de mult îi apreciezi și cum te-au ajutat sau îți aduc bucurie în viață.

- Fii atent la lucrurile mici.

Recunoștința poate fi găsită și în lucrurile mici și în momentele aparent banale din viața noastră. Fii atent la micile bucurii din viața ta, cum ar fi razele soarelui care îți încălzesc fața sau o întâlnire plăcută cu un vecin. Aprecierea acestor momente poate avea un impact mare asupra nivelului de recunoștință pe care îl simți.

- Ajută-i pe alții.

O altă modalitate puternică de a aduce recunoștința în viața ta este să ajuți și să fi de folos altora. Atunci când îți oferi timpul, energia și resursele pentru a ajuta pe cineva în nevoie, vei învăța să apreciezi mai mult ceea ce ai și vei simți o recunoștință profundă pentru posibilitatea de a face o diferență în viața altora.

- Recunoaște-ți eșecurile și greșelile.

Recunoscând că nimeni nu este perfect și că facem greșeli și eșecuri, putem învăța să fim recunoscători pentru lecțiile pe care le învățăm din ele. În loc să te lași descurajat de un eșec, încearcă să privești în urmă cu recunoștință și să fii reconfortat de gândul că ai crescut și ai învățat ceva nou.

- Vizualizează-ți obiectivele și visele.

Vizualizarea obiectivelor și viselor tale și recunoașterea progresului pe care l-ai făcut în direcția lor poate fi o modalitate puternică de a aduce recunoștința în viața ta. Recunoașterea eforturilor tale și a realizărilor mici pe care le-ai făcut te poate motiva să continui să îți urmărești visele și să îți amintesti că ai foarte multe motive de a fi recunoscator.

- Fă un efort pentru a vedea partea bună a lucrurilor.

Uneori, este ușor să te concentrezi pe partea negativă a situațiilor sau a oamenilor din viata ta. În schimb, încearcă să găsești partea bună a lucrurilor și să îți amintești de toate motivele pentru care ar trebui să fii recunoscător. Poți face un exercițiu de recunoștință în care să găsești cel puțin trei aspecte pozitive din fiecare situație dificilă sau provocare cu care te confrunți.

- Practică altruismul.

A fi altruist și a te oferi voluntar pentru a ajuta pe alții poate fi o modalitate puternică de a aduce recunoștința în viața ta. Când te implici în activități de voluntariat sau îți oferi ajutorul fără așteptări de recompensă, vei simți o recunoștință profundă pentru posibilitatea de a face bine altora și de a contribui la binele comun.

- Fii conștient de timpul petrecut cu cei dragi.

Viața poate fi agitată și plină de provocări, dar este important să îți faci timp pentru a petrece momente de calitate cu cei dragi. Indiferent dacă este vorba de familie, prieteni sau partener, fii recunoscător pentru timpul petrecut împreună și valorizează relațiile tale care îți aduc bucurie și susținere.

- Învață să te bucuri de lucrurile simple.

Recunoașterea frumuseții și a bucuriilor din lucrurile simple din viața ta poate fi o modalitate ușoară de a aduce recunoștința în viața ta. Fie că este vorba de plimbările în natură, de o cafea caldă sau de o discuție cu un prieten aproape, învață să apreciezi aceste momente și să îți amintești cât de multe motive de recunoștință ai în viața ta.

- Fii deschis la schimbare și la creștere personală.

Recunoscând mereu că există loc pentru îmbunătățire și creștere personală, poți aduce mai multă recunoștință în viața ta. Fă un efort pentru a fi deschis la schimbare și pentru a-ți asuma răspunderea pentru propriile acțiuni, astfel încât să poți învăța din experiențele tale și să fii recunoscător pentru oportunitățile de creștere personală.

- Înveți să te ierți pe tine însuți și pe alții.

Iertarea de sine și a celor din jurul tău este o modalitate importantă de a aduce recunoștința în viața ta. Recunoașterea faptului că nimeni nu este perfect și că suntem cu toții în căutarea iubirii, acceptarii și întelegeerii poate te poate ajuta să fii mai recnoscator pentru tot ce ai.

- Mulțumește-ți pentru timpul și efortul depus.

Nu uita să îți mulțumești ție însuți pentru timpul și efortul pe care îl depui în fiecare zi. Recunoaște-ți eforturile și realizările și reflectă asupra a tot ce ai realizat până acum. Aprecierea propriilor tale calități și realizări te poate ajuta să aduci mai multă recunoștința în viața ta și să îți amintești că meriți să te simți recunoscător pentru tine însuți.

- Împărtășirea recunoștinței cu alții.

Împărtășirea recunoștinței cu alții și exprimarea aprecierii și mulțumirii față de cei din jurul tău poate avea un impact profund asupra vieții tale. Fii recunoscător pentru oamenii care te susțin, te încurajează și te fac să te simți apreciat și împărtășește-le recunoștința ta într-un mod sincer și inimos.

Aducerea recunoștinței în viața ta zilnică poate fi un aspect important și benefic pentru sănătatea ta mentală și emoțională. Prin adoptarea unor strategii practice, cum ar fi ținerea unui jurnal de recunoștință, practicarea meditației sau mindfulnessului și aprecierea relațiilor și realizărilor tale, poți cultiva o atitudine de recunoștință.

Practicând recunoștința zilnică, poți descoperi o lume mai luminoasă și mai plină de bucurie și poate crește nivelul de fericire și satisfacție în viața ta.

Compasiunea și bunătatea sunt două trăsături fundamentale ale naturii noastre umane. Ele ne definesc ca ființe empate, capabile de empatie, înțelegere și susținere față de noi înșine și față de ceilalți. În lumea agitată și adesea lipsită de înțelegere în care trăim, aceste calități devin din ce în ce mai importante și esențiale.

De ce este importantă compasiunea și bunătatea față de tine însuți? Pentru că acestea sunt cheia pentru un stres redus, o încredere crescută în sine și o bună sănătate mentală și emoțională. Atunci când ne tratăm cu compasiune și bunătate, ne oferim o bază solidă pentru a face față provocărilor și dificultăților vieții cu încredere și înțelepciune. Ne îmbunătățim starea de bine, creștem nivelul de fericire și găsim un echilibru între corp, minte și suflet.

De asemenea, compasiunea și bunătatea față de tine însuți contribuie la îmbunătățirea relațiilor cu ceilalți.

Atunci când suntem blânzi și milostivi cu noi înșine, suntem mai în măsură să oferim și celor din jurul nostru aceeași atenție și susținere. Ne purtăm cu cei din jur cu respect și empatie, ne arătăm recunoștința pentru contribuția lor la viața noastră și ne bucurăm de relații sănătoase și armonioase.

In societatea agitată și plină de provocări în care trăim, compasiunea și bunătatea sunt adesea puse la încercare. Este important să cultivăm aceste calități în noi înșine și să le împărtășim cu cei din jur pentru a crea un mediu în care oamenii se pot simți în siguranță, înțeleși și susținuți.

Compasiunea și bunătatea contribuie la construirea unui mediu mai empatic și mai înțelegător. Atunci când ne purtăm cu compasiune față de noi înșine, suntem mai în măsură să înțelegem și să susținem nevoile și problemele celor din jur. Ne deschidem inimile și mintea către ceilalți, ne punem în locul lor și le oferim sprijinul de care au nevoie pentru a depăși obstacolele și a crește personal și profesional.Compasiunea și bunătatea nu sunt doar simple gesturi sau cuvinte, ci sunt expresia unui mod de a fi și de a trăi în armonie cu sine și cu ceilalți.

Ele ne ajută să ne depășim propriile limite și să ne conectăm într-un mod autentic și profund cu cei din jur. Învață să fii blând și milos cu tine însuți și cu ceilalți și vei descoperi că viața devine mai bogată, mai plină de sens și mai frumoasă.

Compasiunea și bunătatea sunt două trăsături esențiale ale naturii noastre umane care ne ajută să trăim în armonie cu noi înșine și cu ceilalți. Ele ne oferă un cadru solid pentru a face față provocărilor vieții cu încredere și înțelepciune, ne aduc fericire și echilibru și contribuie la îmbunătățirea relațiilor cu cei din jur. Cultivă aceste calități în tine și vei descoperi că viața devine mai frumoasă și mai plină de sens.

Recunoștința și compasiunea sunt două valori de bază care ne pot aduce multe beneficii în viața de zi cu zi. Practicând aceste două calități, putem deveni persoane mai echilibrate, mai fericite și mai pline de înțelegere față de noi și față de ceilalți.

Iată câteva sfaturi pentru a ne ajuta să ne dezvoltăm recunoștința și compasiunea în fiecare zi:

• Începe fiecare dimineață cu recunoștință. Poți să îți faci un obicei să îți exprimi recunoștința pentru lucrurile mici din viața ta în fiecare dimineață. Fie că este vorba de o cafea caldă sau de razele soarelui, găsește motive pentru a fi recunoscător.

• Practică momente de mindfulness. Fii conștient de momentul prezent și de lucrurile din jurul tău. Apreciind fiecare clipă cu atenție și recunoștință, vei dezvolta o perspectivă mai pozitivă asupra vieții.

• Găsește modalități de a-i ajuta pe ceilalți. Practică acte de compasiune și bunătate în fiecare zi. Poți să îți oferi timpul sau resursele pentru a-i ajuta pe cei din jurul tău, ceea ce te va face să te simți mai conectat la ceilalți și mai recunoscător pentru ceea ce ai.

- Fii conștient de cuvintele și acțiunile tale.
Înainte de a rosti un cuvânt sau de a acționa într-un anumit fel, gândește-te la consecințele pe care le pot avea. Fii empatic și caută să aduci dragoste și înțelegere în tot ceea ce faci.

- Învață să îți exprimi recunoștința.
Nu uita să îți arăți aprecierea față de cei din jurul tău. Poți să le mulțumești simplu sau să îți exprimi recunoștința în moduri mai creative, cum ar fi printr-un mesaj scris sau un mic cadou.

- Fii deschis la emoțiile tale.
Nu îți reprima sentimentele negative sau pozitive. Acceptă-le și explorează-le în profunzime, astfel încât să poți să îți înțelegi mai bine propria ființă și să fii mai compasiv cu tine însuți.

- Învață să fii empatic.
Încercă să îți pui în locul celorlalți și să îți imaginezi cum se simt într-o anumită situație. Această abilitate te va ajuta să fii mai înțelegător și mai compasiv în relațiile tale.

- Exersează recunoștința în timpul zilei.
Găsește momente pe parcursul zilei în care să îți reamintești de lucrurile pentru care ești recunoscător.

Poți să îți faci o listă sau să ții un jurnal de recunoștință pentru a-ți menține perspectiva pozitivă.

• Împărtășește-ți recunoștința cu ceilalți. Nu ezita să împărtășești și să îți exprimi recunoștința față de cei dragi. Le vei face și lor să se simtă apreciați și va contribui la întărirea legăturilor dintre voi.

• Fii receptiv la nevoile celor din jur. Oferă-ți sprijin și ajutor atunci când cineva are nevoie. Fii dispus să asculți și să îți oferi suportul emoțional necesar pentru a-i ajuta pe cei dragi să depășească provocările lor.

• Învăță să te ierți pe tine însuți. Recunoaște-ți greșelile și greșelile pe care le-ai făcut și iartă-te pentru ele. Așa vei putea să continui să te dezvolți și să îți cultivi recunoștința pentru propria ta creștere personală.

• Cultivă gânduri pozitive. Fii conștient de modul în care îți gândești și încearcă să îți îndrepți atenția către lucrurile pozitive din viața ta. Aprecierea și recunoștința pentru lucrurile simple pot aduce bucurie și pace interioară.

- Fii deschis la schimbare.

Învață să îți îmbrățișezi vulnerabilitatea și să fii receptiv la schimbările care apar în viața ta. Acest lucru te va ajuta să fii mai flexibil și mai deschis la oamenii și experiențele noi.

- Practică autocunoașterea.

Explorează-ți propriile gânduri, emoții și motive și încearcă să îți înțelegi mai bine propria ființă. Acest proces te va ajuta să fii mai compasiv cu tine însuți și cu ceilalți.

- Încheie ziua cu recunoștință.

Înainte de a adormi, poți să îți faci un obicei să îți exprimi recunoștința pentru evenimentele și oamenii din ziua respectivă. Un astfel de ritual te va ajuta să închei ziua într-o notă pozitivă și să îți cultivi recunoștința pentru experiențele trăite.

Un exemplu concret ar fi următorul. După o zi lungă și obositoare, îți iei câteva minute înainte de culcare să îți aduci aminte de lucrurile bune care ți s-au întâmplat în acelă zi. Poți să îți mulțumești pentru o conversație frumoasă cu un prieten sau pentru apusul de soare pe care l-ai văzut de la fereastră.

"Recunoștința și compasiunea sunt două virtuți esențiale în viața noastră, care ne învață să apreciem ceea ce avem și să fim mai buni față de ceilalți."

CAPITOLUL 10

Implementarea schimbărilor pe termen lung in viața personală.

- *Cum să îți menții obiceiurile sănătoase și pozitive.*
- *Metode pentru a-ți continua dezvoltarea personală și creșterea stimei de sine.*
- *Sfaturi pentru a implementa schimbările în viața ta și a trăi fericit și împlinit.*

Schimbările pe termen lung în viața personală reprezintă procese complexe care necesită o abordare planificată și consistentă pentru a fi implementate cu succes. Aceste schimbări pot viza diverse aspecte ale vieții personale, cum ar fi sănătatea, relațiile interpersonale, cariera, educația sau dezvoltarea personală. Indiferent de domeniul în care se dorește realizarea schimbărilor, este important să se adopte o strategie eficientă și să se manifeste perseverență în procesul de transformare. În cele ce urmează, vom discuta despre modalitățile prin care se pot implementa schimbările pe termen lung în viața personală, oferind exemple concrete și sfaturi practice pentru a reuși în acest demers.

Identificarea obiectivelor și motivarea pentru schimbare.

Primul pas în implementarea schimbărilor pe termen lung în viața personală este identificarea obiectivelor și motivelor care stau la baza acestora. Este important să avem o înțelegere clară a ceea ce dorim să obținem prin schimbare și să ne motivăm să ne implicăm activ în procesul de transformare. De exemplu, dacă dorim să ne îmbunătățim sănătatea, putem să ne propunem să adoptăm o alimentație sănătoasă și să facem mișcare regulat pentru a ne menține în formă.

Este esențial să avem obiective clare, măsurabile, realizabile, relevante și cu termen limitat (SMART) pentru a ne orienta acțiunile și a măsura progresul în atingerea lor. De asemenea, motivarea este un factor crucial în implementarea schimbărilor, deoarece ne ajută să depășim obstacolele și să perseverăm în eforturile noastre.

Dezvoltarea unui plan de acțiune.

După ce am identificat obiectivele și motivul pentru schimbare, următorul pas este dezvoltarea unui plan de acțiune concret și realist pentru a ne ghida în procesul de transformare.

Acest plan ar trebui să cuprindă pașii și resursele necesare pentru a atinge obiectivele stabilite, precum și strategiile pe care le vom folosi pentru a ne menține motivația și a depăși obstacolele întâmpinate.

De exemplu, dacă obiectivul nostru este să ne îmbunătățim relațiile interpersonale, planul nostru de acțiune ar putea include programarea unor întâlniri regulate cu cei dragi, participarea la activități sociale și lucrul cu un terapeut pentru a învăța tehnici eficiente de comunicare și rezolvare a conflictelor.

Este important să fim flexibili și adaptabili în planificarea noastră, deoarece schimbarea este un proces dinamic și pot apărea situații neprevăzute care necesită ajustări în strategiile noastre.

Acțiunea și perseverența

Odată ce avem un plan de acțiune bine definit, următorul pas este să acționăm și să ne implicăm activ în procesul de transformare. Este important să ne menținem concentrarea și să fim consecvenți în eforturile noastre, chiar și atunci când întâmpinăm dificultăți sau eșuări.

Perseverența este cheia succesului în implementarea schimbărilor pe termen lung, deoarece ne ajută să depășim obstacolele și să ne menținem motivația în fața provocărilor. Este important să fim atenți la progresul pe care îl facem și să sărbătorim fiecare succes mic întâlnit pe drumul nostru către schimbare. Acest lucru ne va ajuta să ne păstrăm motivația și să avem încredere în capacitatea noastră de a reuși.

Gestionarea timpului și prioritizarea sarcinilor

Pentru a implementa schimbările pe termen lung în viața personală, este important să gestionăm eficient timpul și să prioritizăm sarcinile în funcție de importanța lor. Este esențial să stabilim obiective zilnice, să planificăm activitățile noastre și să ne asigurăm că ne concentrăm pe acțiunile care ne aduc mai aproape de obiectivele noastre. De exemplu, dacă obiectivul nostru este să ne dezvoltăm o rutină de fitness regulată, ar trebui să ne stabilim un program de antrenamente și să ne asigurăm că îl respectăm în mod consecvent.

De asemenea, putem să ne organizăm ziua în funcție de prioritățile noastre și să ne asigurăm că acordăm timpul necesar atingerii obiectivelor noastre.

Autoreflecția și ajustarea strategiilor.

Pe măsură ce ne implicăm în procesul de implementare a schimbărilor pe termen lung în viața personală, este important să facem autoreflecție și să analizăm ceea ce funcționează și ceea ce nu în strategiile noastre. Este esențial să fim deschiși la feedback și să ne adaptăm planurile în funcție de rezultatele obținute și de schimbările survenite în mediul nostru.
De exemplu, dacă observăm că anumite strategii nu dau rezultatele dorite în atingerea obiectivelor noastre, putem să ne ajustăm planul de acțiune și să explorăm alte modalități de a aborda situația. Este important să fim flexibili și să ne adaptăm la schimbările din jurul nostru pentru a ne asigura că rămânem pe drumul cel bun către schimbarea dorită.

Construirea și menținerea unei rețele de suport.

În implementarea schimbărilor pe termen lung în viața personală, este benefic să avem o rețea de suport puternică și susținătoare pentru a ne ajuta să depășim obstacolele și să ne menținem motivația. Această rețea de suport poate să includă prieteni, familie, colegi de muncă sau specialiști în domeniul în care dorim să facem schimbări.

Este important să ne deschidem comunicarea cu cei din jurul nostru și să cerem ajutor atunci când avem nevoie.

De exemplu, putem să cerem sfaturi și feedback de la persoanele apropiate sau să lucrăm cu un coach sau terapeut pentru a ne sprijini în procesul de transformare.

Autoîngrijire și menținerea echilibrului.

Pe măsură ce ne concentrăm pe implementarea schimbărilor în viața personală, este important să ne acordăm timpul și resursele necesare pentru autoîngrijire și menținerea echilibrului. Este esențial să ne gestionăm stresul, să ne odihnim suficient și să avem grijă de sănătatea noastră fizică și mentală pentru a fi în formă maximă pentru a atinge obiectivele noastre.

De exemplu, putem să practicăm tehnici de relaxare precum meditația, yoga sau respirația profundă pentru a ne reduce stresul și a ne îmbunătăți starea de bine. De asemenea, putem să ne acordăm timp pentru activități plăcute și relaxante pentru a ne menține motivat și echilibrat în procesul de transformare.Atingerea echilibrului și menținerea schimbării pe termen lung
Pe măsură ce implementăm schimbările în viața personală, este important să ne acordăm timpul necesar pentru a atinge un echilibru între obiectivele noastre și resursele noastre disponibile. Este esențial să ne asigurăm că alocăm suficient timp și energie pentru atingerea obiectivelor noastre principale, în timp ce ne menținem echilibrul și bunăstarea în alte aspecte ale vieții noastre. De exemplu, putem să ne stabilim prioritățile și să ne organizăm activitățile zilnice în funcție de importanța lor pentru obiectivele noastre. Este important să ne asigurăm că ne menținem motivația și dedicarea în procesul de transformare și să nu ne lăsăm descurajați de obstacolele întâmpinate.

Implementarea schimbărilor pe termen lung în viața personală necesită o abordare planificată și consecventă, care implică identificarea obiectivelor, dezvoltarea unui plan de acțiune, acțiunea și perseverența, gestionarea timpului și prioritizarea sarcinilor, autoreflecția și ajustarea strategiilor, construirea unei rețele de suport, autoîngrijirea și menținerea echilibrului, precum și menținerea schimbării pe termen lung. Prin adoptarea unor strategii eficiente și manifestarea perseverenței în eforturile noastre, putem realiza schimbările dorite în viața personală și să ne îmbunătățim calitatea vieții în mod semnificativ.

Menținerea obiceiurilor sănătoase și pozitive este un aspect important al menținerii unei vieți echilibrate și fericite. Obiceiurile sănătoase pot influența atât starea noastră fizică, cât și cea mentală și emoțională. Ele ne pot ajuta să ne menținem greutatea sub control, să ne îmbunătățim starea de sănătate, să ne creștem nivelul de energie și să ne reducem riscul unor afecțiuni precum bolile de inimă, diabetul sau depresia.

Există numeroase moduri în care putem să ne menținem obiceiurile sănătoase și pozitive. În continuare, vom explora diferite strategii și tehnici care ne pot ajuta în această direcţie.

- Stabilirea obiectivelor clar definite.

Pentru a reuși să ne menținem obiceiurile sănătoase, este important să avem obiective bine stabilite și clar definite. Este important să știm ce vrem să realizăm și să ne propunem obiective măsurabile și realiste. De exemplu, dacă dorim să slăbim, putem stabili scopuri precum pierderea a 1–2 kilograme pe săptămână sau participarea la un maraton peste 6 luni.

- Crearea unei rutine zilnice.

Rutina poate fi extrem de utilă în menținerea obiceiurilor sănătoase. Stabilitatea și predictabilitatea pot crea un mediu propice pentru adoptarea și menținerea obiceiurilor pozitive. Poți să-ți stabilești un program zilnic care să includă activități precum sport, gătit sănătos, meditație sau alte activități care îți aduc bucurie și îți îmbunătățesc starea de bine.

- Găsirea de activități care îți plac și te motivează.

Este foarte important să găsești activități care să-ți placă și care să te motiveze să-ți menții obiceiurile sănătoase.

Dacă nu-ți place să mergi la sală, poți încerca să faci plimbări în natură sau să practici un sport de echipă. Important este să găsești ceva care să-ți aducă plăcere și să te motiveze să continui.

- Înconjurarea cu persoane pozitive și susținătoare.

Medii sociale pozitive și susținătoare sunt extrem de benefice în menținerea obiceiurilor sănătoase. Prietenii și familia pot fi o sursă de motivație și susținere în momentele dificile. Poți să împărtășești cu ei obiectivele tale și să-i rogi să te încurajeze în călătoria ta sănătoasă.

- Monitorizarea progresului și ajustarea obiectivelor.

Este important să monitorizezi progresul pe care-l faci în atingerea obiectivelor tale și să ajustezi planurile în funcție de rezultatele obținute. Poți ține un jurnal unde să-ți notezi activitățile și progresele făcute, astfel încât să poți vedea evoluția în timp și să-ți motivezi să continui.

- Practicarea mindfulness-ului și gestionarea stresului.

Stresul poate fi un factor care să ducă la abandonarea obiceiurilor sănătoase.

Prin practicarea mindfulness-ului și a tehnicilor de gestionare a stresului, poți să-ți menții calmul și să faci față situațiilor dificile fără a recurge la obiceiurile nesănătoase.

- Crearea unui mediu propice obiceiurilor sănătoase.

Pentru a-ți menține obiceiurile sănătoase, este important să-ți creezi un mediu care să te susțină în această direcție. Poți să-ți organizezi casa astfel încât să ai alimente sănătoase la îndemână, să-ți faci planuri pentru activități fizice regulate sau să-ți setezi un program de somn regulat.

- Automatizarea obiceiurilor.

Automatizarea obiceiurilor poate fi extrem de utilă în menținerea lor pe termen lung. Încearcă să-ți transformi obiceiurile sănătoase în rutine zilnice, astfel încât să le faci fără să-ți dai seama. De exemplu, poți să-ți setezi un reminder în telefon pentru a face sport în fiecare dimineață sau să-ți planifici mesele sănătoase pentru întreaga săptămână.

- Reîncărcarea bateriilor și acordarea de importanță somnului.

Odihna și somnul de calitate sunt esențiale pentru menținerea obiceiurilor sănătoase. Asigură-te că dormi suficient și că-ți acorzi timp pentru relaxare și reîncărcare a bateriilor.

Un somn bun poate influența starea ta de sănătate și nivelul de energie pe parcursul zilei.

- Perseverența și determinarea în fața provocărilor.

 În procesul de menținere a obiceiurilor sănătoase, este posibil să întâmpini provocări și obstacole pe care va trebui să le depășești. Perseverența și determinarea pot fi calități importante în aceste momente. Nu renunța la obiectivele tale și continuă să-ți urmezi planul, chiar dacă întâmpini greutăți pe drum.

- Flexibilitatea și adaptabilitatea.

Este important să fii flexibil și adaptabil în fața schimbărilor și să-ți ajustezi planurile în funcție de situația în care te afli. Nu este nevoie să fii rigid în privința obiceiurilor tale sănătoase, ci să știi să te adaptezi la noile provocări și circumstanțe.

- Încurajarea și motivarea constantă. În procesul de menținere a obiceiurilor sănătoase, este important să-ți acorzi importanța și să te motivezi constant. Găsește surse de inspirație și încurajare care să te ajute să-ți menții motivația și să-ți îndeplinești obiectivele.

Menținerea obiceiurilor sănătoase și pozitive este un proces continuu și care necesită efort și angajament din partea ta. Prin aplicarea unor strategii și tehnici precum stabilirea obiectivelor clar definite, crearea unei rutine zilnice, găsirea de activități care te motivează sau practicarea mindfulness-ului, poți să-ți menții obiceiurile sănătoase și să-ți îmbunătățești starea de sănătate și bine. Nu uita să fii flexibil, perseverent și să îți acorzi timpul și atenția necesară pentru a-ți îndeplini obiectivele și pentru a te bucura de o viață echilibrată și fericită.

Dezvoltarea personală și creșterea stimei de sine sunt procese continue care necesită angajament și efort constant. Există multe metode pe care le poți folosi pentru a-ți spori încrederea în tine și a-ți atinge potențialul maxim.

 În continuare, vom explora câteva strategii și practici care te pot ajuta să îți alimentezi dezvoltarea personală și să îți îmbunătățești stima de sine.

• Auto-cunoaștere și auto-reflecție.
Un pas crucial în dezvoltarea personală este să îți cunoști în profunzime propriile calități, valori, pasiuni și puncte slabe.

Fă-ți timp să reflectezi asupra trăirilor și experiențelor tale, și să îți analizezi reacțiile și comportamentele în diverse situații. Încearcă să îți înțelegi mai bine gândurile, emoțiile și acțiunile, pentru a putea identifica ariile în care ai nevoie de îmbunătățire.

- Învață continuu.

Un alt mod eficient de a-ți spori dezvoltarea personală este să îți îmbunătățești constant cunoștințele și abilitățile. Fă-ți un plan de învățare și stabilește obiective clare pe care să le atingi într-un anumit interval de timp. Participă la cursuri, seminare, workshop-uri sau webinare pentru a-ți perfecționa competențele în diverse domenii. Citind cărți, ascultând podcast-uri sau urmărind tutoriale online, poți dobândi noi informații și perspective care te pot ajuta să evoluezi.

- Ieși din zona de confort.

Pentru a crește, trebuie să te expui continuu la situații noi și provocatoare. Încearcă să îți depășești temerile și să îți asumi riscuri calculat pentru a-ți testa limitele și a-ți dezvolta abilitățile. Fă lucruri pe care nu le-ai mai făcut înainte, explorează noi hobby-uri sau pasiuni, și fii deschis la schimbări și provocări. Cu cât îți depășești zona de confort mai des, cu atât vei deveni mai puternic și mai încrezător în tine.

- Îngrijește-te de tine.

Este important să îți acorzi atenție și grijă atât pe plan fizic, cât și pe plan emoțional și mental. Menține o rutină echilibrată de alimentație sănătoasă, exerciții fizice regulate și odihnă adecvată pentru a-ți menține sănătatea și vitalitatea. De asemenea, acordă timp pentru relaxare, meditație, mindfulness sau alte activități care îți aduc liniște și echilibru interior.

- Cultivă relații sănătoase.

Relațiile cu cei din jurul tău au un impact semnificativ asupra modului în care te percep și te simți despre tine. Încearcă să construiești relații autentice, sincere și sănătoase cu familia, prietenii și colegii tăi, care să îți ofere sprijin, înțelegere și susținere în momentele dificile. Evită relațiile toxice sau dezechilibrate care îți afectează stima de sine și îți diminuează încrederea în tine.

- Fii recunoscător.

Practicarea recunoștinței te poate ajuta să îți schimbi perspectiva asupra vieții și să îți concentrezi atenția asupra lucrurilor pozitive din jurul tău. În fiecare zi, fă o listă cu lucrurile pentru care ești recunoscător și îți aduc bucurie sau împlinire.

- Setează obiective clar definite.

Pentru a-ți menține motivația și direcția în dezvoltarea personală, este important să îți stabilești obiective clare, realizabile și măsurabile. Definind ce îți dorești să realizezi și stabilind pași concreți pentru a ajunge acolo, vei avea un scop clar în minte și vei face progrese constante în direcția dorită.

- Practică auto-încrederea.

Exercitarea încrederii în sine este esențială pentru a-ți construi stima de sine și a-ți atinge potențialul maxim. Încearcă să îți depășești îndoialile și temerile și să îți exprimi ideile, opinii și sentimentele cu claritate și asertivitate. Învață să te apreciezi și să te lauzi pentru succesele tale, indiferent de cât de mici sau mari ar fi acestea.

- Acceptă eșecurile și învață din ele.

Eșecurile fac parte din procesul de dezvoltare și nu ar trebui să te descurajeze sau să îți diminueze stima de sine. Învață să îți asumi responsabilitatea pentru greșelile tale, să îți recunoști punctele slabe și să înveți din experiențele negative. Transformă eșecurile în oportunități de învățare și creștere, și folosește-le ca pe un impuls pentru a te îmbunătăți în continuare.

- Caută feedback și susținere.

Feedback-ul constructiv din partea celor din jurul tău poate fi extrem de valoros în dezvoltarea ta personală și profesională. Întreabă în mod activ colegii, prietenii sau familia pentru păreri și sugestii despre modul în care te percepe și despre cum ai putea să îți îmbunătățești abilitățile și comportamentele. Fii deschis la critici și sugestii, și folosește-le pentru a te perfecționa și a crește.

- Împărtășește-ți cunoștințele și abilitățile cu ceilalți.

Împărtășindu-ți cunoștințele și abilitățile cu ceilalți, vei crește nu doar stima de sine, ci și satisfacția și împlinirea personală. Fii deschis să îți ajuți colegii sau prietenii cu sfaturi, sprijin sau resurse și fii generos cu timpul și energia ta pentru a-i susține să își atingă propriile obiective și aspirații.

- Persistă și nu renunța.

Unul dintre cele mai importante aspecte ale dezvoltării personale este să nu renunți în fața obstacolelor sau provocărilor. Fiecare reușită în viață vine cu efort și perseverență, așa că nu te descuraja dacă întâmpini dificultăți sau piedici pe drumul tău. Continuă să îți menții concentrarea și determinarea, și caută soluții creative și alternative pentru a depăși orice obstacol în calea ta.

Dezvoltarea personală și creșterea stimei de sine sunt procese continue care necesită angajament, efort și dedicare. Folosind aceste metode și practici menționate mai sus, poți spori încrederea în tine, îți poți descoperi potențialul maxim și poți trăi o viață mai echilibrată, împlinită și fericită. Nu uita că dezvoltarea personală este o descoperire pe termen lung, așa că fii răbdător și perseverent în călătoria ta către propria evoluție și transformare.

Implementarea schimbărilor în viața ta și trecerea către o stare de fericire și împlinire poate fi un proces dificil și solicitant, dar cu suficientă determinare și angajament, este posibilă și poate aduce rezultate semnificative. Este important să îți pui în primul rând sănătatea și fericirea ta și să fii dispus să faci schimbările necesare pentru a atinge acest obiectiv.

În continuare, vom explora câteva sfaturi practice pentru a implementa schimbările și a trăi o viață mai fericită și împlinită.

• Identifică obiective clare și realiste.
Primul pas în implementarea schimbărilor în viața ta este să identifici obiective clare și realiste pe care dorești să le atingi.

Fie că este vorba despre îmbunătățirea sănătății tale fizice, dezvoltarea relațiilor interpersonale sau avansarea în carieră, este important să ai un plan clar și bine definit pentru a ajunge acolo unde îți dorești.

- Prioritizează-ți timpul și energia.

Pentru a implementa schimbările dorite în viața ta, este crucial să îți prioritizezi timpul și energia în funcție de obiectivele tale. Fii gata să renunți la activități și relații care nu mai aduc valoare sau fericire în viața ta și să te concentrezi pe lucrurile care contează cu adevărat pentru tine.

- Fii deschis la schimbare.

Pentru a trăi o viață mai fericită și împlinită, este important să fii deschis la schimbare și să îți pui la încercare propriile limite și convingeri. Fii dispus să îți asumi riscuri și să ieși din zona ta de confort pentru a crește și a evolua pe plan personal și profesional.

- Îngrijește-ți sănătatea fizică și mentală.

Sănătatea ta fizică și mentală este o componentă esențială a fericirii și împlinirii tale. Fă mișcare regulat, adoptă o alimentație sănătoasă și stabilește rutine de somn regulate pentru a te simți energizat și revitalizat.

- Construiește relații pozitive și solide. Relațiile interpersonale joacă un rol crucial în starea ta de fericire și împlinire. Investește timp și energie în construirea și menținerea legăturilor cu cei dragi și încearcă să îți construiești rețele de suport care să te sprijine în momentele dificile.
- Cultivă recunoștința și mulțumirea. Practica recunoștinței și mulțumirii poate avea un impact semnificativ asupra stării tale de fericire și împlinire. Fă o listă zilnică a lucrurilor pe care le apreciezi și îți aduc bucurie în viață și încearcă să îți amintești de ele în momentele mai grele pentru a te încuraja și motiva.
- Fii flexibil și adaptabil. Viața aduce inevitabil schimbări și provocări, iar capacitatea ta de a fi flexibil și adaptabil poate face diferența în modul în care faci față acestor situații. Acceptă că lucrurile nu se vor desfășura întotdeauna așa cum îți dorești și încearcă să găsești soluții creative și eficiente pentru a depăși obstacolele.
- Învață să te iubești și să te accepți așa cum ești.
- Autocompasiunea și acceptarea de sine sunt aspecte fundamentale ale stării tale de fericire și împlinire.

Învață să te iubești și să te accepți așa cum ești, cu toate defectele și calitățile tale, și să îți oferi îngrijire și susținere în acele momente când ai nevoie.

- Caută echilibrul în viața ta.

Pentru a trăi o viață fericită și împlinită, este important să îți găsești echilibrul între diversele aspecte ale vieții tale, cum ar fi muncă, timpul liber, relațiile și hobby-urile. Fă-ți timp pentru activitățile care îți aduc bucurie și împlinire și învață să pui limite și să te protejezi de epuizare.

- Caută ajutorul și sprijinul de care ai nevoie.

Nu ezita să ceri ajutor și sprijin atunci când simți că nu poți face față singur schimbărilor sau problemelor cu care te confrunți.

Consultă un terapeut sau un mentor pentru a te ghida și a te susține în procesul tău de creștere și dezvoltare personală.

Implementarea schimbărilor în viața ta și trăirea unei stări de fericire și împlinire poate fi un proces complex și provocator, dar cu angajament și perseverență, este posibilă și poate aduce beneficii semnificative. Urmează sfaturile de mai sus și amintește-ți că fiecare pas pe care îl faci către o viață mai fericită și împlinită merită efortul și dedicarea ta.

"Zâmbetul
din oglindă nu este
reflecția chipului
tău, ci adevărata
ta descoperire."